セクハラ・最後の人権課題

日本の状況を中心に

櫛田 眞澄

ドメス出版

はじめに

女性はみんな、セクハラに苦労しています。しかし、口に出して言うと、周囲から退《ひ》かれてしまう、嫌な空気だけが後に残る、長い間多くの女性はこんな経験をしてきました。

一九九〇年代、フェミニズム論が盛んだったころ、著者は、その論に賛成しながらも、これのみでは、日本の女性差別は解消しないと、思っていました。生物学的な性の平等へと、改善に向けて、どうしても教育の視点が重要である、と考えていたのです。

著者は、最初は中学校の教師として、家庭科の男女共学問題に取り組み、男子生徒も喜んで学習する内容と方法について、提案し、啓発的に、実践的に、運動を進めました。その後、研究者の一員となったときには、共学家庭科の理論と方法の普及、および指導者の養成にかかわりました。つねに男女平等と人権がテーマでした。

本書は、女性の人権問題を扱うシリーズの、三部作の一つ、となりました。

すなわち、『男女平等教育　今まで、これから』（ドメス出版　二〇〇二年）、『無意識の男女差別――その深淵に迫る』（現代図書　二〇一四年）に、続くものです。

二〇一七（平成二九）年「#Me Too」の運動が起き、しだいに「#With YOu」となって、世界中の女性が声を上げたのを契機に、著者も啓発された一人となりました。自分にできることをしたいと動機づけられ、この書の執筆を思いついたのです。

この問題は、日本ばかりではなく、世界中の女性の大きな課題であることが、明確となりました。

国連の事務総長であるグテーレス氏が、二〇一八年の国際女性デーに寄せたメッセージのなかで、セクシュアル・ハラスメントの解決は、われわれの時代の、「残された仕事であり」、「世界で最大の人権課題」であると明言しました。本書の題名は、そこに根拠を置き、主題名を最後の人権課題としつつ、主に日本の状況を記録し、解説を加えたものです。

顧みれば、この書には、平成期に起きた大きな女性差別問題の、歴史が記録されていることに、書きながら気づいたしだいです。難解な法律用語は、できるだけやさしい言葉で表現し、誰もが理解できるように、言い換えて記しました。一般の方々にも、とくに男性にも、また高校生、大学生にも、気楽に読んでいただきたい、と願っています。「自分とは関係のないこと」ではなく、また「女が女の世界でホザイている」のでもなく、「男の立場を無視している」ものでもありません。第一に、「すべての人と、共有するべきこと」、「共に考えるべきこと」なのです。男性と一緒に考えたい問題です。

私たちの世代が、家庭や職場、宴会の席、職場の旅行先、交通機関など、あらゆる場で強いられた苦労と、苦痛と、危ない目に遭う体験は、次世代の人々には、決して経験してもらいたくない、と思っています。

男女すべてが、平等で、健康で、幸せな社会をつくりあげ、それを、共に担い続けることができる一員であってほしい、その願いを込めて、書きました。

女性の人権に関して、時代は、やっと潮目の変わる時を迎え、変わりつつあるように思われます。未来が、平和で、平安な世界であることを、切に祈りつつ。

二〇一九年一二月

櫛田　眞澄

セクハラ・最後の人権課題——日本の状況を中心に＊もくじ

第一章　女性編集者不当解雇事件……35
——日本最初のセクハラ福岡裁判

第二章　財務省高級官僚セクハラ事件……………53
――福田事務次官と女性記者たち

装丁　竹内　春惠

プロローグ

一、国連事務総長・グテーレス氏からのメッセージ

二〇一八（平成三〇）年三月八日の国際女性デーにあたり、国連の事務総長グテーレス氏（ポーランド）は、世界の主要な情報メディアに対して、次のような寄稿文を寄せました。この文章は、われわれ日本人に勇気と希望を与えてくれましたので、次に全文を、記しておきたいと思います。(1)

我々は、女性の権利に関する決定的な瞬間にいる。これまで圧迫と差別を許してきた歴史的、構造的な不平等が、かつてないほど白日のもとにさらされている。世界中で女性たちがセクハラや性暴力、そして全ての差別の撤廃と、ゼロ・トレランス（一

切許容しない姿勢）を求めている。

男女平等を達成し、女性と女の子に力を与えることは我々の時代の「残された仕事であり」「世界で最大の人権課題」だ。（「　」は筆者）

女性の行動と主張は実を結んでいる。だが、歴史的な不均衡を解消するためには重大な障壁が残る。

法律が存在しても無視されることが多く、法的解決を求める女性は疑いをかけられ、中傷され、相手にされない。男女平等を誇る国でも、職場や公共の場、家庭でセクハラや暴力が蔓延《まんえん》してきたことも明らかになっている。

国連は世界の模範となるべきだ。私は事務総長に就任して以来改革を進め、国連の上位役職者の男女比は初めて同等となった。組織全体でもこの比率を達成する決意だ。私はセクハラを絶対に許容しない。

この重要な局面で男性が女性とともに立ち、その声に耳を傾け、そこから学ぶべきだ。私はこの変化の波の一部であることを誇りに思い、国連と世界がこの動きに共鳴し続けることを願う。

グテーレス氏のこの文章は、私たちの今後に、希望を与えると同時に、我が国の現状を思い起こさせます。「#Me Too」の運動の高まりによって、日本においても歴史的、構造的な不平等が白日のもとにさらされ、数は少ないながらも、女性の発言（告白）において、また著書において、自らの性被害の経験が、表明されるようになりました。

例えば、ジャーナリストの伊藤詩織さんは、その著書『Black Box』において、自らの性被害の経験を述べ、司法の不備を告発しています。

しかし、デジタル上や、その他のメディアからの攻撃により、日本にいることができず、現在は外国で暮らしつつ（二〇一八年一二月、ロンドン）、そこを根拠に、世界的に活動を続けています。

『男女共同参画社会基本法』が、制定されているにもかかわらず、現状は、このようです。法律が存在しても、無視されることが多く、法的解決を求める女性には疑いがかけられ、中傷され、相手にされないのです。職場や公共の場には、セクハラが蔓延《まんえん》していま す。その様子は、グテーレス氏が寄稿文のなかで、語っている通りの様相です。

また、日本においては、管理職の男女数の差は依然として大きく、そのことは、政策に女性の視点や意見が入らない結果となり、旧態依然とした男女差別につながっていると考えられています。

例えば、メディア関連の会社では、管理職には男性が多く、記事の取捨選択や、意思決定の段階で、男性目線ですべてが終始し、誌上の記事が決定され、掲載され、全国的に配布、配信されます。女性の立場や、意見を含む記事は、取り上げられ難いのです。

国連において、上級管理職の男女比を同数にしたのは、その模範的モデルとして、意味深いことです。この点が、日本の場合は、あらゆる職場の弱点となっていると思います。

しかしながら、「#Me Too」運動の世界的な高まりは、二〇一八年ノーベル賞にも影響を与え、平和賞が、イラクのヤジディ教徒である、ナディア・ムラドさんに授与されたことは、喜ばしいことでした。

時代は、確かに、変わりつつあります。

しかしながら日本においては、種々の事件をみるにつけ、セクハラに関しては、男女の認識の差が、あまりにも大きいことが問題だと思われます。さらに、日本人と世界との、認識の差が大きいことも、問題なのです。

次に、セクハラの定義を、掲げておきます。

二、「性暴力」(sexual violence) の定義

表面的には見えない、性に関する事象を、明確にするキーワードは、加藤春恵子氏によって、次のように、説明されています。(2)

「性暴力」(sexual violence)

人間の文化や社会の中に深く埋め込まれて、男性と女性との権力関係を維持させ、女性の人間としての成長や活動を抑止しているメカニズムが、「性暴力」という言葉によって明らかになります。「性暴力」とは、女性を性的対象物として封じ込め、おとしめ、従わせようとする男性による強制力を明確にとらえて、問題化するために用いられる言葉です。この強制力は、文字どおりの物理的な暴力の場合もありますし、

見えない形で、しかし避けがたい形で押し付けられてくる権力作用の場合もあります。

具体的例として、強姦、妻やその他の女性への暴力、セクシュアル・ハラスメントなどが性暴力として挙げられますが、少女への性的虐待もしくは利用（sexual abuse）も、重大な性暴力です。

ポルノ・グラフィーについては、女性をおとしめるシーンを含み、制作過程の中で強制力が働いている場合は、明らかに性暴力です。女性とは、性的対象物として利用するためのものだ、という女性像を広めて、各種の性暴力の誘発剤となり、多くの女性の生き方に影響を及ぼすからです。また、ビデオなどの出演者とされた女性の人生にも、深い影響をもたらすという点から、ポルノ・グラフィーは性暴力の拡大再生産に大きな役割を果たしています。

人間社会が自明なもの、不可避なものとしてきた「暴力」を解体して、対等なコミュニケーションに基づく新たな社会を構築していくために、「男らしさ」と「暴力性」とを不可分のものとする文化のからくりを明白にすることが重要です。そしてこの二つが切り離されることによって初めて、両性がのびやかに向き合うことができるようになります。

一九九九（平成一一）年に、「男女共同参画社会基本法」が制定されました。しかし、日常的には、法律の精神に反する意識や行動が根深くはびこり、法律の精神の実現を阻害する現象が、多々みられます。なぜ、このような現実があるのでしょうか。これは、長い年月をかけて、日本人の間に形成されてしまった、教育の結果としての、意識と行動なのです。

すなわち、法の精神を阻害する人々の意識や行動は、過去の教育によって、形成されたものですから、法律の精神を実質的で、現実的なものにする修正も、また教育の力によって、なされる必要があります。

三、セクシュアル・ハラスメントの具体的な例

セクシュアル・ハラスメントとは、「性的嫌がらせ」のことです。「相手の望まない性的言動すべて」をさします。すなわち、小林健治氏[3]によれば、相手の意に反した、性的な言動を行い、仕事を遂行するうえで、一定の不利益を与えたり、またはそれを繰り返すことによって、就業関係を著しく悪化させることをいいます。

大きく分けて、地位を利用する**対価型**と、不愉快な職場環境をつくる**環境型**とがあります。

① 発言　身体にかかわる発言、女らしさ／男らしさにまつわる発言、性的な冗談・からかい、食事・デートへのしつような誘い、意図的な性的噂話の流布、個人的な性的体験等を一方的に話したり、たずねたりすること、など。

② 視覚　ヌードポスター、わいせつな図画の配布・掲示など。

③ 行動　性的関係の強要、身体への不必要な接触など。

以上のような言動によって、不快、屈辱、恐怖を感じたら、すべてセクハラに該当します。典型的な事例は、次のようなものがあります。

①上司（同僚）がむやみに身体にさわり、しつこく食事に誘い、断ると、暗に業務上、職務上の成績に影響することをほのめかす。

②懇談会等の席上で、女性に猥褻《ひわい》な冗談をいう。

③懇談会等で、相手にお酌を強要し、断ると不快な態度をとる。またカラオケでデュエットを強要する。

④「女性もいたほうが華やかでいい」、「女は職場に、置く花でよい」、「女には大事な仕事はまかせられない」などと女性全般を侮辱したことをいう。

⑤女性を容姿にもとづいてランクづけし、不快な気持ちにさせる。

⑥芸術と称してヌード写真をあからさまに見たり、見せたりする。またヌードポスター等を職場に貼る。

⑦個人的な交際を申し出、応じないと、ストーカー、嫌がらせ電話、電子メール等を

送りつけ、性的な内容の情報や妄想をほかの人に、いいふらす（これは、女が男へという「逆ストーカー」の場合もある）。

これらは、日常的に蔓延している、言動によるセクハラの例ですが、意識面としては、次のようなものがあります。

①かわいい子には、ラクな仕事を担当させたい、と思う。
②職場でも、性的な話題が、時には必要だ、と思う。
③性的な冗談は、女性も喜んでいる、と思う。
④宴会での裸踊りは、誰が見ても楽しいと思う。
⑤肩に手を触れるのはスキンシップの一つ、である。

四、セクハラ防止に向けた雇用管理上の配慮義務

一九八六（昭和六一）年に、「男女雇用機会均等法」が施行され、一三年後の、

一九九九（平成一一）年に、セクハラ防止に向けた事業主の雇用管理上の配慮義務などの項目が、大幅に盛り込まれた改正法が施行されました。均等法の施行からまだ一〇年余、世の中がいまだに、セクハラとはどういう問題かを理解していないときに、法律が先にできました。

この背景には、一九九〇年代の初めにアメリカで起きた、米国三菱自動車製造の、セクハラ訴訟がありました。この事件は、アメリカでは、非常に大きな問題として世間を騒がせました。会社側の対応が強い批判を呼び、多額の和解金の支払いに追い込まれ、不買運動も起きました。日本政府は、慌てて、均等法のなかに、セクハラ項目を入れたのでした。

しかしながら、当時、アメリカでセクハラとされていることが、日本では、何が問題なのか理解されませんでした。

例えば、独身の男性に、「いい加減に結婚したら」と、上司が声をかけた場合、日本では普通に受け取られるのに、アメリカでは、「なぜそんなプライベートなことを上司から言われなくてはならないのか」となります。

また、日本では「頑張れよ」と、女性社員の肩に手を置いてお尻をポン、と叩くぐらいは、「コミュニケーションの一環」だ、と思われていました（著者注　これは、男性目線での言動であり、当時でも実は、女性側は、苦痛に思いつつ、我慢していたのでした）。

このギャップの根幹は、アメリカではセクハラを人権問題と捉えているのに対して、日本の男性たちの多くは、人権侵害という感覚を、まったくもっていませんでした。

法律だけは先にできましたが、日本の社会の意識は、大きく変わったとは、いえません。今でも、同じようなことは、相変わらず続いています。これは、理解できていないから、同じことが繰り返されている現象です[4]。

五、虐待された幼児の叫び

二〇一八（平成三〇）年六月、東京の世田谷区で、五歳の女の子が、激しい虐待を受けて亡くなりました。その女の子が、ノートに書き残した文章が、公表されました。

もうパパとママにいわれなくても　しっかり　きようよりか　もっともっとあしたはできるようにするから　もう　おねがいゆるして　ゆるしてください

ほんとうに　もうおなじことはしません　ゆるして　きのうぜんぜんできてなかったこと　これまでまいにちやってきたことをなおします

これまでどれだけ　あほみたいにあそんでいたか　あそぶってあほみたいなことやめるので　もうぜったいぜったいやらないからね　ぜったいぜったいやくそくします

五歳の子どもがここまで、自分の気持ちを表現できることに、驚かされましたが、非常に胸が痛みます。ひらがなでの読み書きを激しく迫っていた、といわれています。親は、「しつけ」、といっていますが、できないときには、それを口実に、激しい罰（身体暴力、食事を与えないなど）を与え、しだいに虐待へとエスカレートして、死にいたらしめたものです。

この一家は、二〇一八年三月、香川県から東京目黒区への転居者でした。香川県でも、虐待事案が把握されていたのに、その引き継ぎが不十分だったのです。都の児童相談所は、危険性は高くないと、判断していたといいます。また、児童相談所の職員の少なさが、問題となりました。

この後も、幼い命が犠牲となる事件が続きました。二〇一九年一月、千葉県野田市で、小学四年生が、学校のアンケートで「お父さんに暴力を受けています。先生どうにかなりませんか」と救いを求めていたのに、自宅の浴室で亡くなりました。また同年八月、鹿児島県出水《いずみ》市で、四歳の女児が、母親の交際相手の暴力で、亡くなりました。いずれも、警察と児童相談所との連携不足などによって、残念な結果を招きました。

また、「しつけ」と称しながらの「暴力」が問題となります。さらに、この陰には、家族関係における、父親と母親の間にドメスティック・バイオレンスの存在があるようにも、思われます。

しかし、子どもの最善の利益と幸せを第一にするためには、何としても、警察や児童相談所などの諸機関の連携が、切に求められます。

児童虐待が社会問題として、知られるようになったのは、コインロッカーで、乳児の遺体が発見された、一九七〇年代の前半でした。虐待が注目を浴びたのは、一九九〇年代に入ってからです。一九八九年に、「子どもの権利条約」が国連総会で採択され、虐待防止を訴える民間団体が、次々に設立されました。

厚生省（当時）は、一九九〇年から、児童相談所の、虐待対応件数の統計を取り始めました。そして、虐待は、社会全体で取り組むべき課題と、認識されるようになりました。対応件数は、約一〇年間で一〇倍以上に伸び、二〇〇〇（平成一二）年の児童虐待防止法の制定に、つながりました。

その後も、重大な問題が起きるたびに、法改正や、新たな施策の展開が繰り返されています。しかし、日本の児童福祉士はイギリスなどに比べ、非常に少ない現状です。圧倒的な要員不足と、関係機関の連携の不備が課題となっています。[5]

ちなみに、暴力や暴言で、子どもの脳は傷つき、変形すると小児神経科・友田明美医師は臨床的視点から語ります。そして「どんなことがあっても、体罰は絶対にダメだという認識を社会で共有する必要がある」と強調しています。(6)

六、女のほうが挑発してくる

「短いスカートをはき、派手な服装をして、俺を挑発しやがって、『やってくれと』、いっているじゃないか」と、ある性犯罪者は語りました。

ファッションを楽しむ女性をみて、女性のほうが自分を挑発している、と勝手に思い込み、見ず知らずの女性に対して、性暴力におよぶ。

また、「女には、強姦願望がある」などと思い込む。その身勝手さ、自制心のなさ、自己中心的な判断と行動など。この結果としての犯罪行為は、何度でも繰り返されてしまうのです。「なかったことにしてくれ」、というように、反省の心がないため、刑務所内で再教育が行われても、真の信念とならず、また繰り返し、犯行におよぶ、といわれています。

一方の女性側は、被害届を出さない場合がほとんどです。自分のほうに落ち度があったのでは、と自責の念に苛《さいな》まれるのです。そして「世間体が悪い」、「報復が怖い」、「職場や学校の籍を失うかもしれない」、このような理由から、被害届を出さない女性が大部分です。これが現実なのです。

また、対応する女性警官が少ないことも、原因の一つです。このように、被害者の女性は、いつも泣き寝入りするのがつねです。

「女性への暴力は、人権侵害であり、被害者には非がない」ことを、すべての人が、認識すべきでしょう。さらに日本では、性教育は、女性徒に対して実施されるものという認識が、現在でも健在です。そのため男子生徒は、性に関する教育を少しも受けずに、身体だけが成熟し、大人となる場合がほとんどです。

この実例からも理解できるように、すべての男子生徒に、あらゆる場を通して、性を中心とする人権教育が、必要となります。(7)

以上の六つの内容は、次の各章の理解のために、必要な基本的な法律や定義、および、大きな問題となっている具体的事例です。
全体を読んだ後で、再び、このプロローグを読んでいただければ、深い理解のために、有効だと思います。

引用・参考文献

（1）『朝日新聞』二〇一八年三月八日付
（2）加藤春恵子「ジェンダーと性暴力」学術会議叢書3『男女共同参画社会』日本学術協力財団 二〇〇一年
（3）小林健治他『差別語不快語』にんげん出版 二〇一一年 95～96ページ
（4）『世界』二〇一八年八月号 金子雅臣「セクハラという男性問題」73～74ページより著者要約
（5）『朝日新聞』二〇一九年九月二日、九月三日、九月四日付の記事より著者要約
（6）『朝日新聞』二〇一八年五月二六日付記事「暴力や暴言で脳は変形する」（友田明美）より著者要約
（7）櫛田眞澄『無意識の男女差別――その深淵に迫る』現代図書 二〇一四年 7～9ページ

第一章　女性編集者不当解雇事件

——日本最初のセクハラ福岡裁判

一、女性は性的商品か

ある日、昼食をオフィス街のレストランでとりました。その店は、男性サラリーマンに好まれる店らしく、女性はちらほらといるぐらいで、ほとんどが男性客でした。私が若くないことに安心してか、無視してか、横のテーブルの四人の男性たちは、同僚の女性の話題でもちきりでした。しかも、女性の身体各部が話題の中心でした。まさに「おんな」を語っていて、その女性は丸裸にされているかのように、聞こえました。

女性の仕事ぶりや、知性や教養などは、何一つ話題となりません。これは、女性が、性的対象とみられている例であるといえます。仕事は評価されず、性的好奇心の対象としての、女性の身体が話題の中心なのです。

ここでは女性は、完全に性的商品扱いです。このことは、職場において、男性から男性に、また先輩から後輩へと伝えられ、女性に対する価値観が伝承されていきます。そして、男性の意識のなかに深く埋め込まれ、しだいに、無意識な言動となって表れることになります。

　このような現実のなかで、女性は、悩み苦しむのです。家事は好きではないけれど、社会のなかで、価値ある仕事がしたいと願う女性に対し、種々のセクハラという形で、女性の人格や尊厳を、貶《おとし》めていきます。

　しかし、これらは、女性個人に非があるのではなく、個人の問題でもありません。社会的に形成されたものなのです。(1)

　本章および第二章の福田淳一財務事務次官事件は、現在でも根強く、根深く存在する、男性中心の、「女性の在り方観」、すなわち「女性は○○であるべきだ」、とするジェンダーの問題であり、そして、「女性を貶める意識」の存在なのです。

二、事件のあらましとその経過

1　事件とその経過

一九八五（昭和六〇）年一二月に、福岡市のある出版社に入社したA子さんは、取材編集の仕事を担当していました。この会社は、専務と編集長と係長（いずれも男性）の三人と、親会社の社長という小さな出版会社でした。そこへA子さんが新しく採用されて、正社員として働き始めたのです。

しかし、一九八七年夏ごろから、上司である編集長が、仕事のできるA子さんを煙たがるようになり、「彼女は不倫している」と、職場や取引先で、嘘の噂を流し、繰り返し中傷するようになりました。そのため、A子さんは社長に相談したのですが、その後、突然、専務から「明日から来なくてよい」と、逆に退職を強要されてしまいました。A子さんは、とうとう一九八八年八月、退職してしまいました[2]。

A子さんは、このような編集長の、性的蔑視や嫌がらせは、個人の尊重と男女の平等を謳った、日本国憲法第一三条、第一四条、さらには「女性差別撤廃条約」一一条に違反し、不法行為に該当すると、訴えることにしました[3]。

また、A子さんは、労働基準監督局や、久留米市の簡易裁判所に相談に行きましたが、「どうしようもない」と門前払いの扱いを受けました。

その後、弁護士に相談したのですが、「このくらいのことで、裁判になるわけはないでしょ。名誉棄損で訴えるにも、裁判にもっていっても、勝ち目はないです」といわれ、さらに、多くの証言や物証がなくては、裁判提訴は困難だともいわれたのでした。

2　フェミニスト弁護士の活躍

しかし、そのころ（一九八九年一月）、フェミニスト弁護士である辻本育子、原田直子の両氏が、「女性協同法律事務所」を福岡で発足させました。そのことが地元の『西日本新聞』に紹介されたのをみて、彼女はこの法律事務所を訪ねました。すると、「これは、あなた個人の問題で裁判を起こすのではなく、女性の社会的な問題、ということで、訴えていきましょう」と、いわれました。

その後、地元のフェミニストや、女性活動家が集まり、支援組織「性的嫌がらせと闘う裁判を支援する会」ができ、牟田和恵弁護士が、この組織の代表者となりました。(4)

一九八五年には、国連の「女性差別撤廃条約」に日本が批准し、一九八六年には、「男女雇用機会均等法」が施行されていましたが、日本では、一般的には性的なこと自体がからむ被害は、あくまでも個人的なことであり、女性が毅然としてさばいていくべきもの、とされていました。

このように当時は、性的被害を告発すること自体が、非難され、性的被害は、一般的に、個人的な問題として扱われ、女性が毅然としていれば「大丈夫」、という認識でした。女性の労働問題において、賃金格差、採用や昇進の男女格差などは、すでに差別されていることが、法的に明白であり、その研究も、運動も、いくつかの積み重ねがありましたが、しかし性的被害の認識は、問題外でした。

したがって、賃金や昇進、福利厚生などの労働条件とは異なる性的被害も、労働権の問題の一つであり、「会社」に問題があることを理由として、一九八九年八月、福岡裁判所に提訴しました。これは、新しい問題提起でした。

この裁判は、「セクシュアル・ハラスメント」の概念について、職場などの、公的な世界で、女性差別がなくならない背景には、女性が、「性的」な存在として扱われてきたことが、根本的部分にあることを、明白にしました。すなわち、それは女性の個人的問題ではなく、社会的、構造的な問題なのです。

「この裁判によって、法律ができても、なかなか解消しなかった女性の労働の問題が、可視化された感がありました。賃金や法律上の平等を求めるのは、当たり前のことで、その不平等を温存させる根底には、『性の貶めがあるのだ』、という認識が、やっと明らかになったのです。」(5)

3　美人と褒めてなぜ悪いのか

牟田弁護士は、女性を傷つける意味について、次のように述べています。

性というものがもっている圧倒的なジェンダー非対称性があります。たとえばセクハラへの反発として、典型的に言われるのが、「どうして美人だって褒めているのに、それがセクハラになるんだ」といわれるとき、それは普通に仕事をしている当たり前の人としてではなく、「女」扱いにされるということです。男が標準となっているビジネスの世界で、対等に扱われていない貶めだけれど、そのことが男にはまったくわからないし、ピンとこない。

その違いは、精神的ないし象徴的な意味でもあるし、身体的にもそうなんです。「セックス」そのものを取っても、男にとってはセックスすることイコール快であるのだけれど、しかし女性にとってはセックスは身体への侵入であったり、妊娠の心配があったりという、ものすごい不安を伴うものでもあるということ自体、理解されていない(6)。

仕事中の「美人だね」の言葉かけは、職場の女性を仕事中のパートナーとしてよりも、まず「女性」としてみています。職場であっても男は男、女は女、と自然に考えています。彼らにとっては、性的視線を投げかけることは当然で、自然なのです。それは、性別役割分業意識から発生したもので、歯止めが利かなくなると、とんでもない結末となります。これがセクハラ事件となるのです。

4　原告をA子とした理由

当時は、提訴すると、どんな扱いを受けるかわかりませんでした。ばかばかしい、と無視されるよりも、誹謗《ひぼう》中傷を受けるだろうという、懸念がありました。被告の名前を匿名《とくめい》にしたのは、どんな扱いを受けるかわからなかったからです。

ツイッターどころか、インターネット以前でしたから、その時代でよかったと思いま

す。もしＳＮＳがあったら、大変なパッシングを受けたことでしょう。(7)

この裁判は、一九九二（平成四）年三月に、原告全面勝訴で結審しました。しかし、原告Ａ子さんは、日本初のセクシュアル・ハラスメント裁判において、「この裁判は誰のものなのか」と日々悩みつつ、裁判と、その過程のなかで失われた、自分自身を取りもどすために、苦悩していました。

その後、実名を「晴野まゆみ」、と明らかにして、講演などの活動を開始しました。さらにその後には、『さらば、原告Ａ子』（海鳥社　二〇〇一年）を出版します。

提訴時のことを振り返りながら、この書のなかで、彼女は次のように総括しました。

提訴時、辻本弁護士が「この裁判が、今は正当に理解されなくても、一〇年、あるいは、二〇年後に、やって良かつた、と言われるようにしたい」と述べましたが、今日ではすでに、全国で数えきれないほどの裁判が起こされ、埋没していた被害が、表に顔を出すようになりました。

セクシュアル・ハラスメント防止ガイドラインが、改正労働基準法に盛り込まれたのは、一九九九年でした。「セクハラと騒ぐ女が悪い」という声は、皆無とはいえませんが、小さくはなりました。

もちろん、セクシュアル・ハラスメントの定義や、被害者の痛みが、広く理解されていると楽観してもいません。しかし、提訴時と状況が変わったことは事実です。その意味で、やはりあの裁判を起こして良かった、と思います。いや、自画自賛を許してもらえるのなら、最後まで闘って良かったのだ、と思います。(8)

三、裁判の意味すること

1　メディア報道の量

筆者は、当時（一九八九年一〇月から）岡山大学に単身赴任していました。

この裁判に関しては、メディアの性格もあると思われるのですが、岡山が福岡に近いこともあり、東京で聞くニュースよりも、かなり詳細に報じられていました。そのため、提訴初期の段階から、全面勝訴にいたるまでを、強い関心のもとに、その成り行きを追うことができました。

それは、筆者自身が働き続けてきた経験から、女性の働く環境は改善されるべきだと、強く思い続けていたからです。

したがって、一九九二年三月、原告全面勝訴のニュースには、感動しました。今後は少しずつでも改善に向かうことが、期待できました。そして、女性編集者解雇というこの事例は、男性側の過失であると感じていました。

職場の花のような女性を求めていたのに、応募してきたのは、美人のうえに、仕事のできる女性だった、自分よりも、能力的に上手《うわて》であることが、編集長自身には、十分理解できていたはずです。

当時の男性たちは、自分よりも仕事のできる女性は苦手でした。どのように扱っていいのか知らなかったために、不倫の噂を流して、会社を辞めさせる手に出たのだと、筆者は判断していました。そして原告全面勝訴の判決に、筆者は単純に喜んだのでした。

2　裁判の成果と講習会

セクハラが、女性を貶めるものであるという認識を明らかにしたことは、この裁判の最大の成果でした。

筆者自身は大学卒業以来働いていましたので、女性が職場や交通機関や公共の場で、いつも苦労し、我慢を強いられることの元凶がセクハラであることを、知っていました。したがって、この裁判の成果は、セクハラが女性を貶める「人権問題」である事実を、日本中に知らしめた意味は、実に大きかったと思います。

筆者は三年半の岡山大学での単身赴任生活を終えて、一九九三（平成五）年四月から、茨城大学に赴任しました。

ここでは、教職員全員と事務職員全員を対象にした、セクハラ問題に関する講習会が開催されました。

「なんで俺たちまでが」と、ぶつぶついいながら集まる男性もいましたが、宇都宮法務局の労務課の講師が、セクハラの定義について、実例を挙げながら、わかりやすく説明しました。そのとき、セクハラは男性から女性になされるばかりではなく、女性から男性に対してもなされている、との説明は、実に新鮮に思えました（ハゲ、短足、などの言葉）。

この講習の後、引き続き、教職員および学生を対象にしたパンフレットの作成や、相談窓口の設置などがなされ、セクハラ対策が、少しずつ進められました。他の国立大学も同様でした。

3　解雇の理由の男女差

労働問題に詳しい金子雅臣氏は、次のように語ります。

男性の場合の解雇の理由は、金を使い込んだとか、反抗して暴力沙汰になった等が、多いのです。

しかし、女性の場合は、何時も、もやもやしています。男女雇用機会均等法ができる直前のころ、会社から解雇された女性の相談を受けたときのことです。彼女は突然の解雇に納得がいかない。それで私が会社に問い合わせてみると、彼女は上司にも反抗的だし、仕事もできないし、法定外休暇も多いという。そこで改めて彼女に聞いてみると、特別問題になるほど上司に反抗した覚えもないし、過剰な休暇を取ったつもりもない、仕事ができないという評価にも納得がいかない、と言う。しかし、会社は、データを出してきますから、これ以上闘っても決定は変わらないし、彼女にも「企業は、男社会だから、次に勤めるところでは、同じ目にあわないように気をつけたほうがいいよ」と、説得したのです。

しかしその後の雑談で、「あんまり関係がない話だけれど、社員旅行に行ったとき、夜中に専務が部屋に入ってきたことがあるんですよ」、「頭にきたから、蹴飛《けと》ばして追い返しましたけどね」と、いいました。

でも彼女自身が、そのことは「個人的な問題」だから、解雇とは関係のないこと、と思っていたし、私自身もそう捉えていました。

その後も、女性解雇に関する相談を受けていると、その類《たぐい》の話が、少なくないことに、気がつきました。以後は、釈然としない事例のときは、「何か会社で、性的なトラブルは、ありませんでしたか」と、聞くようにしています。[9]

4　晴野まゆみ著『さらば、原告A子』

当時は、原告全面勝訴とその後の影響や成果を喜んでいましたが、実は、原告であるA子（晴野まゆみ）さんが、実際にどのような苦労と、苦悩のなかにあったかは、わかりませんでした。のちに彼女の著書『さらば、原告A子』を読むまで、知ることはできなかったのです。

晴野さんは、この裁判の経験から、「弁護士は、あくまでも法律上の理論で判断し、理詰めで事を進めていきます。しかし、生身の原告の心や気持ちには、配慮ができません。従って原告の心理に寄り添うことのできる、心理的援助者（カウンセラー）が、どうしても必要と思います」と提言しています。[10]

実体験からのこの提言は、重要です。何故なら、われわれ誰もが、裁判において、このような立場に置かれることがあるかもしれません。カウンセラーが、原告に寄り添うかたちで、支援するかたちをつくり上げ、社会的に、法律的に、一般化することが必要かつ重要だと、思われます。

引用・参考文献

（1）櫛田眞澄『無意識の男女差別――その深淵に迫る』現代図書　二〇一四年　1～2ページ
（2）晴野まゆみ『さらば、原告A子』42～52ページより著者要約
（3）金子雅臣『セクハラ事件の主役たち』築地書館　一九九二年　3～4ページ
（4）前掲書（2）53～63ページより著者要約
（5）『現代思想』青土社　二〇一八年七月号　23～25ページ　牟田和恵・岡野八千代対談より著者要約
（6）前掲書（5）26ページより著者要約
（7）前掲書（5）25～26ページより著者要約
（8）前掲書（2）231ページより著者要約
（9）『世界』二〇一八年八月号　金子雅臣「セクハラという男性問題」78～79ページより著者要約
（10）前掲書（2）228～230ページより著者要約

第二章　財務省高級官僚セクハラ事件

——福田事務次官と女性記者たち

一、女性を取り巻く現状

1　女性は集団の潤滑油か

あるボランティア集団の宴会の席で、男性のリーダーが、下ネタを用いて人々を笑わせることがありました。そのなかに女性もいましたが、彼女たちは主婦ではなく、多少なりとも社会的労働を経験した人たちでした。にもかかわらず、それに同調し、囃《はや》し立て、喜んだりする姿が現実としてありました。「おんな」の話題は、集団の潤滑油に使われているようにも思えました。

彼女たちは、それが下品な話であることは、十分承知のうえで同調して、身を処しているのです。男社会のなかを、上手に泳いできたのでしょうか。目くじらを立て、反対意見を述べて責め立てることは、不利な、損な立場に自分を置くことになる現実を、知っているのです。都議会における女性議員も、「自分が子供を産め」、とのヤジを浴びせられたあの場では、演説台の前で、薄笑いをして、その場をつくろい、やり過ごしていました。

男性の理不尽な言動に対して、異議を唱えることは、「おかしい女」、「扱いにくい女」、「硬い女」と、受け止められます。また、男性が気に入らないパーソナリティの持ち主である女性に対しては、パワハラを用いて、辞めざるを得ない状況や環境を、次々とつくるのです。

職場などで、それらを見聞きしているうちに、女性たちは、保身の術を自然に学んでいくことになります。今では、追い出し部屋扱い（研修部屋扱い）となるのでしょうか。これは、女性に対して、つねに「女らしさ」や従順さを求めている良い例でしょう[1]。

2　エリート男性の失言

女性を差別するような発言をつい発してしまい、「こんなことを言えば、怒られてしまうよね」と、弁解する男性をときどき見受けます。無意識の発言には、本心が表れているのですが、この場合は、頭のなかで、知識としては理解ができているのです。

ところが昨今、政治家の発言がたびたび問題となっています。戦争時の慰安婦問題に関し、「どこの国でも、あることだ」と、戦時下の、男性による性暴力を肯定する発言がありました。この人たちは、新聞で叩かれて、世論の強い反応に対処するために、取り消しや弁解、謝罪、訂正、撤回、という形をとり、身を処して保身に徹します。

これも無意識による発言ですが、政治家という立場上、次期選挙のことを考えてか、訂正、撤回しなければならない状況に追いやられるのです。しかし、本心は決して変化してはいません。

古い話ですが、森喜朗元首相の、「子供を産まない女性には、年金を与えない」という発言がありました。何故、このような発言となるのでしょうか。

あるとき、エリート男性に対して、ジェンダー問題や、性の平等について語るチャンスがありました。受講者のなかの一人の男性が、私に対して、「女が、女の世界から、ホザイている」といいました。

エリートの男性には、このように、聞く耳をもたない人が多いようです。昔ながらの、男尊女卑の思想を維持したまま、自分とはまったく関係のないことと受け流し、自分を変えようとは、決して思わないのです。

世界経済フォーラムの男女平等度調査によると、日本女性の地位は一三六カ国中、一〇五番目（二〇一三年）、であったために、世界に向けて、リップサービスの必要性からでしょうか、安倍首相は、「女性の活用」が、日本の発展には、どうしても必要だと、「女性重視」について、国連で演説しました（二〇一八年の調査では、一四四カ国中一一一位です）。

しかし、彼の取り巻きたちの、無意識の発言から出る本音を聞けば、女性の人権に、敬意をもって配慮したうえでの、女性の尊重と、地位向上を願っているかは、疑問に思われます。(2)

二、この事件のあらましと官僚たちの反応

1　事件のあらまし

二〇一八（平成三〇）年春、『週刊新潮』四月一九日号（四月一二日発売）に、当時の福田淳一財務事務次官による女性記者へのセクハラが匿名告発されましたが、次官は否定。そこで録音テープも公開されましたが、財務省が女性記者に名乗り出るように呼びかけたことなどから、世論の反発を呼び、次官は辞任に追い込まれました。

しかしセクハラ自体は否定したため、テレビ朝日が、「セクハラを受けたのは、自社の女性社員であること、および女性が上司に相談していたが、自社で報道するのは難しい状況なので、やむなく『週刊新潮』にリークする形になった」と記者会見で明らかにしました。

それでも、前次官は、セクハラを認めないままでしたが、財務省は、その後の調査によって、前次官によるセクハラを認定して、処分を発表し、次官不在のまま、記者会見で謝罪することになりました。

2　官僚たちの反応

この事件に関する、自民党の大臣や議員、官僚の発言を次に記しておきます。

・福田淳一　財務事務次官「お店の女性と言葉遊びを楽しむようなことはある。セクハラに該当する発言をしたという認識はない」
・矢野康治　財務省官房長「弁護士に名乗り出て、名前を伏せて、おっしゃることは、そんなに苦痛なことなのか」（著者注　世間の常識とは大きくかけ離れた官僚の体質が、よく表れています）
・長尾敬　自民党衆議院議員（セクハラ問題に抗議する女性議員らについて）「私に

とって、セクハラとは縁遠い方々です」（のちに撤回）

・下村博文　元文部科学相「（福田氏は）はめられた。隠しテープでとっておいて、テレビ局の人が、週刊誌に売るっていうこと自体が、ある意味で犯罪だと思う」（のちに撤回）

・麻生太郎　財務相「（福田氏）本人が（セクハラは）ないと言っている以上、あるとは、なかなか言えない」「（女性記者に）はめられたという可能性は否定できない」（のちに撤回）。「セクハラ罪という罪はない」などと発言し、福田氏をかばい続けました(3)。

以上のような政治家や官僚たちの発言からは、安倍政権の体質がよく表れていると思います。

3　ジュラシックパークの恐竜

政治家たちの発言について、牟田和恵弁護士は、「三〇年前にもどってしまったと、感じました。なぜこのような発言になるのでしょうか」と前置きして、次のように語ります。

「表面的・建前的であるとはいえ、ですね。麻生大臣や福田財務事務次官もそうですが、権力の中枢にいればいるほど、これまでのゴリゴリの男性中心支配から身も心も建前も抜け出ていない。権力の中心にいればいるほど誰からも何も言われないから、古くさい価値観をもち続けている。とっくに滅びたはずの恐竜がジュラシックパークでのしのし歩いてるようなものです。

その上日本社会では、権力の中枢にいればいるほど、男密度が高くなる。カナダのトルドー首相を中心とした閣僚の多様性を見ていたら一目瞭然です。日本では安倍政権の『女性活躍』を推進するのも男性ばかりで、いったい何を考えているのか不思議なくらいです[4]」。

権力の中枢にいると、男中心の思考傾向は修正されることなく、温存され続け、一般社会の常識からは、かけ離れた思考となります。このような人々が、日本の政治を動かしていることを思うと、情けなくなります。

三、この事件の社会的反応

1　事件後の反応

このセクハラ問題は、社会問題となり、メディアで働く女性へのセクハラは、伝統的なマスコミの取材方法の在り方にも、一石を投じました。

政治家や官僚などへの日中の個別取材や、記者会見などの公式取材のほかに、記者は業務時間終了後に飲食を共にしたり、朝の出勤前や帰宅後に、相手の自宅を訪ね、一対一での非公式な取材を行ったりします。より本音に迫り、深い情報を入手することが、主な目的です。

そこは取材対象者の口が和らぐ場でもあります。半面、情報をもつ者と、それを欲する者、年配の役人と若い女性記者との、上下関係を背景とした密室性の高い取材現場となり、セクハラの温床にもなります。

しかし、「毎日」と「テレビ朝日」の労組が行ったアンケートの結果は、メディアで働く女性たちのセクハラ被害について、社外に対する防御策だけでは不十分であることを、経営陣に突きつけました。

2　メディア労働組合によるアンケート結果

毎日新聞労働組合の機関誌によると、被害を受けた相手は、「社内・関係会社で立場の上の人」67・3％で、「社外の仕事先」74・8％に次いで多かった（複数回答、女性組合員二〇二人の回答）。

また、テレビ朝日では、「社内関係者からセクハラを受けた」との回答は、56％であるのに対し、「社外関係者からセクハラを受けた」は、34％と、「社内」のほうが多かった（女性組合員の回答者一二六人）。セクハラ現場の加害者は、もっとも身近な職場に大勢いたのです。この傾向は、特定会社に固有なものではないことが、次の事例でも明らかです。

独立行政法人「労働政策研究・研修機構」が、二五から四四歳の女性を対象にした調査では、加害者を「直属上司」（24・1％）、「同僚・部下」（17・6％）、「取引先・顧客」（7・6％）で、職場が相対的に多いのです（回答者一二六人、二〇一六年調査[5]）。

右のような調査結果をみるとき、セクハラについての認識が男女で異なるのではないか、との疑問が出てきます。プロローグに記したセクハラの定義を見直し、考えてみる必要があると思われます。

四、メディア業界の女性の立場

1　女性記者の人事配置

『世界』二〇一八年八月号には、メディア業界で働く民放職員である四〇代の女性が、匿名で記事を寄せています。業界の本音の部分を知ることができますので、抜粋して、要点のみを、次に記しておきます。

・仕事やポストが欲しいと思ったら男中心の働き方、考え方に、すり寄らざるを得ない（男性と同じく、長時間労働に耐える）。
・上司がセクハラやパワハラめいたことをいっても、「私は、そのようなこと大丈夫です」という顔をしている女性が、受け入れられやすい。女性たちは、自分は耐えられる、上手に返さねば、と我慢する。

・女性記者に対してだけ、ステレオタイプの考え方で人事配置をする（取材先の人が男性の場合、女性記者をつければ、相手は喜ぶだろうとの偏見がある）。取材先の現場は、夜回り、朝駆け、懇談的なものが多く、そこでの人間関係が濃くなる場面があり、セクハラの温床となっている。

・最近は、企業幹部の二割を女性にしろといわれるので、過去のキャリアとまったく異なる職場の女性を部長に昇進させ、うまくゆかないと「やっぱり女性はダメだ」と男性たちがいう。

・会社の同僚の男性も取材先から、パワハラを受けているが、黙っている。女性は、パワハラとセクハラのダブルで、よけい辛いが、我慢している。

・セクハラをみても、男性は黙認している。他の事柄で人権意識の高い人も、セクハラについては、「やめよ」と止めに入る人はいない。「正しい」ことをいう男性は村八分になる。見て見ぬふりをしても、反省する男性はいない。黙認していることは、支えていることであり、十分に加害者である。

・意思決定機関に、女性を入れない。このことは、女性側の意見や感覚は記事として取り上げられ難いという結果を招く。[6]

ちなみに、二〇一八年一月の『朝日新聞』掲載の五回にわたる企画、フォーラム「『#Me Too』どう考える」[7]は、アンケート調査、著名人の発言、論考、被害者の発言などをあげたもので、時宜を得たものでした。その後に起きた財務省高官の事件の際には、女性記者たちに、勇気を与えたと思われます。

2　人権意識の欠如

前節で箇条書きした要件は、マス・メディア業界独自のことではなく、一般社会においても共通する事柄であると、考えることができます。

これらの行動や意識の根底にあるものは、差別です。力をもつ人が、相手の人権を無視して、嫌がることをするというのは人権問題ですが、日本では、セクハラに甘いのは、「人権感覚（意識）」が低いということです。

とくに、日本の社会を動かしている男性一般に、人権意識が欠如していることが問題点となります。

この現象は、二一世紀という時代が、男女平等に向けて、確実に進行しているにもかかわらず、日本では、明治期以降の、旧制度下の思想や意識や行動を身につけたまま、意識改革ができない人々の存在を示しています。

企業体や公官庁の意識改革の遅れや、男女間の意識上の格差などが、このような現実的な社会問題として、表れているのです。

男女の友愛的な平等関係は、如何《いか》なるものか、さらに性と人権との関係についての教育が、学校において、なされていない場合が多かったことが、原因といわれます。とくに、学校における性教育の不完全さが問題点と考えられます。

すなわち、中学生や高校生は、男女平等的な価値観や、価値認識や、人権意識が形成されないまま、大学生や社会人となり、結婚し、家庭人となります。

そして、彼らは、テレビやビデオや雑誌類の、マスコミや先輩たちの言動を通して、旧来的な男性観と女性観を身につけます。旧態依然とした男女観は、彼らの身体で内面化され、強化されるため、自明のこととして、無意識のうちに行動に移すようになります。(8)

3　無意識な生活態度のなかに

この事実は、小中高の学校教育ばかりではなく、大学教育においてもその対策が求められています。

男女不平等の保持と、再生産の悪循環を断ち切るために、以前の勤務校において、筆者が提案者、コーディネーターとなり、「セクソロジー教育の研究」と題する、オムニバス方式の講義を開講して、四年間の授業実践を行いました。それを通して明確になったことは、男女平等を阻害する要因が、男女学生たちの「無意識な生活態度」のなかにも存在し、不平等の意識と、行動の、再生産の危険性を、孕《はら》んでいる事実でした。

この無意識な「発言や行動」は、明治期以来の学校教育の歴史のなかで形成されたものと、同種のものでした。日本の中等教育が、男子生徒と女子生徒に対して、いかなる学校

文化を与えたか、また人間関係についてどのような認識を与えたか、について考えたい、と思います。(9)

引用・参考文献

(1) 櫛田眞澄『無意識の男女差別――その深淵に迫る』現代図書　二〇一四年　2～3ページ
(2) 前掲書（1）9～10ページ
(3)『朝日新聞』二〇一八年五月一二日付記事より抜粋
(4)『現代思想』二〇一八年七月号　28ページ
(5)『世界』二〇一八年八月号　61～63ページの労働組合調査より著者抜粋・要約
(6) 前掲書（5）66～71ページより著者要約
(7)『朝日新聞』二〇一八年一月一五日～二九日
(8) 前掲書（1）はしがきより
(9) 前掲書（1）はしがきより

第三章　女性ジャーナリストの性暴力被害告白

——伊藤詩織さんの世界的活動

一、伊藤詩織さんの場合

1　事件のあらましと現在

伊藤詩織さんは、二〇一五（平成二七）年四月に、当時ＴＢＳワシントン支局長だった男性（山口敬之氏）から、意識を失った状態で、性行為を強要されました。

二〇一七年九月、慰謝料など、一一〇〇万円の損害賠償を求めて、東京地方裁判所に、提訴しました。その結果は、嫌疑不十分で不起訴になりました。その後、検察審議会でも不起訴相当の判断が下されました。そして現在、民事裁判が係争中です。

ところが、今年（二〇一九年）二月、男性側から、「売名を図った悪質な虚妄」として慰謝料など、一億四〇〇〇万円の支払いや、謝罪広告の掲載を求める、反訴が行われました。この事実に対処するため、四月一〇日都内で、弁護士を中核として、「ジャーナリス

ト伊藤詩織さんの民事裁判を支援する会」(Open the black box) の発足会が、開催されました。(1)

この件について、伊藤さんは、「刑事事件で不起訴になり、検察審議会でも、何が議論されたかわからないまま、結論が出てくる。民事裁判では、オープンな議論ができると思うので、裁判をすることが、どういうことなのか、司法について考えるきっかけになればよい、と思っています」と、述べました。

この事例の場合、弁護士を中心とした支援の会の発足は重要であり、また必要な会であると思います。私たち一般人も、裁判の成り行きに関心をもち、声を大にして支援したいものです。

司法は、一般人が、どのように考えているかについては、敏感であると思うからです。もしも、女性たちが、「知りたくない」、「かかわりたくない」という立場に立つとすると、司法も政治も現状肯定となり、一歩も前進しません。女性が団結して、NOを発信すれば、変化が期待できます。これしか方法がないのです。二年前からの、性犯罪に関する厳罰化も、長年にわたる女性団体による、地道な活動の成果でした。

2　伊藤詩織著『Black Box』

伊藤詩織さんは、私が被害を告発したことにより、メディアのなかで、記者さんたちと、横のつながりができました。しかし、記者の方々が、私のことを報道したいと思い、記事にして、社のデスクに申し出ても、〝そんなことは、何処にでもあることだ〟といわれ、取り合ってもらえなかったそうです。

しかし今回、『Black Box』の出版によって、「『著者インタビュー』という異なるアングルで、問題を取り上げてもらえるようになりました」、と語っています。

この著書のなかで、伊藤詩織さんは、司法制度の不備を累々《るる》と語っています。提訴しても、政治家と司法が手を組んで、提訴を妨げる現実を語るのですが、当時山口氏は逃げまわり、正面から対峙しようとしませんでした。そして政治家と結託して、女性側が不利となるような判定が下されたのですが、その過程が詳細に記されています。それ故に、司法はブラック・ボックスなのです。

「記者の方々も、セクハラをいろいろと経験されていましたが、今までは、自分が我慢すればいい、と思っていました。そして、後輩にも我慢するように伝えていました。それ故に、このような事態が長く続いたわけで、本当に申しわけなかったと思う、と女性記者さんたちは、私に語りました」。

ところが、伊藤詩織さんの告発や『Black Box』出版により、二〇一七年一〇月からは、日本におけるセクハラ関連の記事は、ずいぶん変わってきたように思われます。

とくに、財務省事務次官のセクハラ問題に関しては、「#Me Too」運動に触発された女性記者たちが、いち早く、社内でアンケート調査を実施し、社内のセクハラ状況を把握し、また新しい企画を次々と提案するなど、「#Me Too」運動の精神の実現化に、努力していました。

二〇一八年は、おそらく日本における「セクハラ元年」と位置づけられるだろうと、臨床心理士の信田さよ子氏が、著書『〈性〉なる家族』のなかで記しているように、種々のセクハラ関連記事が、新聞の記事として明らかにされました。

例えば、ジャニーズＴＯＫＩＯの山口メンバーによる未成年女性に対する強制わいせつ容疑、買春行為による新潟県知事辞任、新潟の小学生女児殺害遺棄事件、財務省事務次官による女性記者へのセクハラ、狛江市長のセクハラ辞任などが、この年に起きています。「セクシュアル・ハラスメント」という語が、流行語大賞を獲得したのは、一九八九年でしたから、それから三〇年もたっています。しかし、今の状況は、世間に臆することなく、自由に記事が書けるようになったことを意味します。

3　性被害を受けた人への配慮

伊藤詩織さんは、被害を受けた人には、「まずは、生き延びること」を強調しています。そしてベーシックな部分を助けてくれる人が必要で、側にいて、被害者を信じて、サポートしてくれる人の存在が大切です。これがないと、次のステップに踏み出せません。

泊まる場所を用意し、食べられるだけ食べさせてくれる人、一人にしないこと、病院にも、警察にも、一緒についてきてくれる人が、重要な存在なのです。被害を受けた直後も、何年か後でも、被害に向き合うことは大変なことです。私は今でも、そのように思っています、と語りました。

性被害者については、信田さよ子氏が、その著書『〈性〉なる家族』のなかで「苦しみを受け止め、信じるということ」（198〜200ページ）を論じています。「過去を忘れなさい」、「前向きに生きなさい」などの励ましの言葉は、とくに性虐待の場合、被害者にとっては、このうえもなく残酷な言葉となる、と記しています。

また、伊藤さんは、現在、活動の拠点をイギリスに移していますが、それは、「告発後に、ネットを通して、脅迫や恥辱的な言葉を、たくさん投げつけられました。自分だけではなく、家族や友人に対しても同様でしたから、想像を遥かに超えていました」と語ります。

ネット時代の日本において、このようなことが起こるのは本当に残念で、恐ろしいことですが、伊藤さんは、それでも、一人のジャーナリストとして、社会を良い方向へ変えるために、日本を脱出し、今は国境を越えてイギリスで活動を続けています。

この件について、同じ女性として、共感を覚えるのは、著者だけではないと思います。

4　可視化ということ

続けて伊藤さんは語ります。

いくら声を上げても、可視化されず、人々が「見たくない」、「知りたくもない」と思っていても、その隣でセクハラが普通に起きているという状態がありました。しかし、本を出版した一〇月以降、状況は大きく変わってきました。そして、性暴力が、いかに日常的に、また世界中のどこにおいても存在している、という現実を知りました。それ故に、私は、この視点から、世界を対象に取材を始めました。

すべてに共通することは、「人権」や「人の尊厳」をどう守るかという視点で、これが大切なのです。自分のなかでは当たり前と思っていた「権利を尊重する」ということは、どういうことかを、改めて意識した次第です。

日本では、「#Me Too」の動きが、ムーブメントとして、今まで起きていませんでした。性暴力やセクハラの問題が、個人の問題として処理されてきたためです。

アメリカでは、「#Me Too」運動が盛り上がってきたとき、「もう、これ以上やめましょう」と連帯して、社会的な問題として扱っています。私も「周りの人と一緒に、立ち上がりましょう」と、勇気づけがしたいと思ったのです。

自分の話をオープンにすることによって、それが自分のケアになることもあるし、誰かをケアすることもあるのです。

私は、ジャーナリストとして、どのように伝えていくかが、課題です。どんな小さな声でも、必ず誰かが聞いてくれると、この一年で実感しました。一人ひとりが声を上げて、時間がかかっても、人々に届けること、だからこそ、生き延びて、伝えていくことが重要です。

事件後、「忘れてしまって」とか、「乗り越えて」など、何度もいわれました。しかし、乗り越えられるものではありません。友人も、家族も、加害者もいるこの世の中を、日々生きていかなければならないのです。[2]

二、デート・レイプ・ドラッグ

1　レイプ・ドラッグの正体

最近、一般に市販されている睡眠薬を使って、性犯罪を起こす例が増えています。すなわち、ドラッグによる性犯罪に遭う女性が増えている、といわれますが、伊藤詩織さんの場合も、この例でしょう。

デート・レイプ・ドラッグ（date rape drug）が、関与した犯罪は、一九九〇年代から、日本でも起き始めました。安易な気持ちでドラッグが使われ、軽はずみに性暴力におよび、ゲームのように、次々と人を変え、性暴力を振るうのです。

ある被害者の告白によると、トイレに行ったスキに、飲み物のなかに、睡眠薬が入れられ、しだいに意識がもうろうとしてしまいました。夜から朝までの間、意識がない状態になりました。これがレイプ・ドラッグの正体です。

「酔い止め」といって渡される場合もあるそうですが、絶対に許されない、卑劣な行為です。

しかし、ショックの後、しばらくして警察に行くと、防犯カメラの映像を見せられ、自分の足でしっかり歩いている姿が映し出されました。

すると、「自分で歩いているのだから、合意があった」とみなされ、「立件できない」といわれてしまいました。事後三日ぐらいならば、尿検査で薬が検出されるのに、日時が立ち過ぎているとして、検査もされなかったのです。

その後、少し落ち着いてから、「支援センター」に相談に行くと、弁護士が警察に付き添ってくれました。四カ月も過ぎていましたが、髪の毛から薬が検出されて、「同意がなかった」こととなり、その男性には、七年の判決が宣告されました。(3)

2 被害に遭うということ

性を犯されて、一人の人間として、扱われなかったことにひどく苦しみ、この性暴力によって、被害者自身のアイデンティティーが壊されてしまいます。性暴力は、相手に対する想像力に欠ける人による、尊厳を踏みにじる行為です。眠り込ませて、警戒心がない状態にして、その後、性暴力におよぶというのが常套《じょうとう》手段です。

被害者は、どうして自分にこんなことが起きたのか、と悩み、人格が一度壊れてしまいます。このような場合でも、「ワンストップ支援センター」では、警察や病院に付き添い、被害者の立場になって、怒りの感情を共有し、一緒に悲しむ、一緒に怒るなどを通して、人格の再構築を、共に行います。(4)

一般的に、女性たちは、性犯罪の被害者になる人は「自分とは関係のない人間」と思いがちです。しかしそれは間違いで、自分にも起こり得るものだ、と認識するべきです。「絶対に許さない」という決意が、女性側に求められます。

デート・ドラッグは、身近な人をターゲットにしてなされる性犯罪ですが、加害者には、人生のどこかで人間の関係性を壊してしまった人が多くいます。また、アダルトビデオの視聴によるものや、男性の先輩などから、口伝えに教えられて、性暴力におよぶ場合もあります。

相手の尊厳を思いやる気持ちを、子どものころから、どのような方法によって育て、それをどのように維持させていくかが、課題と思われます。

しかし、日本の社会のなかに存在する、強固な男尊女卑の思想の排除には、多大の努力と時間が必要であることも、同時に考慮すべきです。男性中心の価値観が支配的な日本においては、とくにこの点に対する対処が必要です。

三、世界的「#Me Too」運動

1 「#Me Too」運動

二〇一七（平成二九）年一〇月、新聞各社は「#Me Too」を始めたハリウッドの女優たちが、黒いドレスに身を包み、セクハラ防止運動をアピールする写真を掲載しました。これは、大物の映画プロデューサーである、ハーヴェイ・ワインスティーンを告発したものです。権力をもつ男性からの、セクハラやパワハラを受けて、悩まされた女優たちによる運動の始まりでした。

伊藤詩織さんが司法記者クラブで記者会見を開いたのは、二〇一七年五月二九日でしたから、この日以前です。彼女の勇気ある行動だったことは、注目に値します。

「#Me Too」というキャッチフレーズは、大きなブームとなって、女性たちの共感を呼び、声を出して立ち上がり、ムーブメントとなりました。世界中の女性たちが、セクシュアル・ハラスメントやパワー・ハラスメントを受けて、苦しみ、苦労してきたからなのです。

2 「#Me Too」運動の原点とアメリカ

女優さんたちの集合写真のなかに、一人のアフリカ系アメリカ人が並んでいました。彼女の名は、タラナ・パークといい、「#Me Too」運動の真の創始者です。アメリカでは、「#Me Too」運動は、タラナ・パークが始めたことはよく知られていて、「黒人女性を消すことは止めて」、という声も起こっていました。

「#Me Too」運動は、実は、二〇〇六年に、性暴力被害者のサバイバーを助けるために、とくに低資産コミュニティー出身の黒人女性を助け、「癒《いや》される道」を見つけるために、設立されたものです。サバイバーを支援し、「性暴力を終わらせる運動に参加しませんか」と、声かけをしています。

「被害を受けた人は、一人ではない」ということを、意味しているのはもちろんですが、「そこから動きたい」、「支え合いたい」という人が、「一人ではない」ことをも、同時に意味しています。その言葉から、「Me Too」「私も」という言葉が、生まれたのです。「あなたは一人ではない」と、伝えることは重要です。(5)

タラナ・パークは、マイノリティーや、貧困層の女性のサバイバーと、つながるために、この運動を始めましたが、実際は、ハリウッドの女優、ワシントンの政治家、オリンピックの金メダリストなど、白人を中心とした富裕層や、著名人が取り上げてくれたことにより、初めて、このように広がったのです。

しかし、これが上流階級の問題として認識されがちであることは、大きな問題です。沈黙させられている層が、まだまだたくさんいることを、認識しなければなりません。

性暴力被害を告発する「#Me Too」運動は、アメリカだけではなく、韓国など海外でも大きなうねりとなりました。そして性暴力のサバイバーとして、長く告発し続けてきたのが、元「慰安婦」の韓国女性たちであった点も、注目するべきことです。

一方、「#Me Too」運動は、アメリカ社会においては、アジア系女性たちは、性の対象として見られることが多く、声を上げにくく、もし声を上げることができても、注目されない状況があり、沈黙を強いられています。したがって、声を上げても軽視されがちなアメリカのマイノリティー女性の声が、聞こえる状況をつくる必要があります。(6)

3　日本における「#Me Too」運動

なぜ日本では、「#Me Too」運動が低調だったのでしょうか。その理由は、声を上げた被害者が、SNSなどで大変なパッシングを受けたためです。

伊藤詩織さんの場合は、本人ばかりか、家族や友人までも、誹謗《ひぼう》中傷を受けました。ネット上ばかりではなく、TVのバラエティー番組などでも、「ついていったほうが悪い」といわれてしまいます。これでは一般の被害者が、声を上げられないのは当然です。

一方、日本は、「女性差別撤廃条約」には、一九八〇（昭和五五）年に署名し、「男女雇用機会均等法」は、一九八六年に施行されています。そして、「男女共同参画社会基本法」は一九九九（平成一一）年に施行となりました。しかし、これらの法律が実際に存在しても、性的なことがからむ被害については、「あくまでも個人的なことであり、女性が毅然とした態度で、さばいていくべきものだ」というのが、社会的な一般通念でした。

このような状況のなかにあって、日本で初めてのセクハラ裁判は、一九八九年提訴の福岡裁判でした（この件については、本書第一章に記しています）。

福岡裁判では、賃金や昇進、福利厚生などの労働条件とは異なる、性的被害も労働権の問題であり、会社側に責任がある、と訴えました。これが、日本における最初のセクハラ問題の提起でした。

この裁判によって、女性の労働問題が可視化され、賃金や採用、昇進の平等、を求めるのは当たり前ですが、その不平等を温存させる根底にあるものは、「性の貶《おとし》め」であることが明らかになりました。これは当時における最高の成果であったと、今でも評価されています。

ところが、二〇一八年初めの、財務省福田財務事務次官によるセクハラ発言や、その後の麻生太郎大臣、および財務省高官たち、その他の発言は、私たちを驚かせました（この件については、本書第二章で取り上げています）。

彼らの、時代錯誤的な発言が驚きだったのですが、日本は本当に、民主主義の国なのか、と思わせました。このような考え方が、日本ではまだまだ温存されていることを、思い知らされたわけです。

三〇年ぐらい前の男女差別的な考え方が、現在でも男性中心社会の、一般的通念となっているのですから、「#Me Too」運動が盛り上がらないのも当然と思われます。

しかし、この財務省セクハラ事件では、女性記者や労働組合の女性たちが、セクハラの被害者でした。記者としての取材や仕事のなかで、すべての女性記者は、同様な経験していましたので、世界的「#Me Too」運動を、心に熱く受け止め、各社の労働組合を中心にアンケートを取って、実態を公表するなど、活動を活発化させました。

しかし一方において、日本では、一般の女性労働者が、このような活動をするには、まだまだハードルが高いのが現状で、問題点と思われます。

引用・参考文献

（1）『AERA』二〇一九年四月二九日号、五月六日号　72ページより著者要約
（2）『現代思想』二〇一八年七月号　8～16ページ「『#Me Too』が忘れさられても、語ることのできる未来に向けて」より著者要約
（3）NHK「クローズアップ現代プラス」二〇一九年七月三日放映内容を著者が聞き取りした要旨
（4）前掲（3）と同じ
（5）前掲書（2）173～177ページ　栗田隆子「わたしも（Me Too）を支えるもの」より著者要約
（6）前掲書（2）130～131ページ　山口智美「トランプ政権下でのアメリカと性暴力」より著者要約

第四章　子どもに対する性的虐待
――密室における完全支配の快楽

一、子どもに対する性的虐待

1　映画のなかのワン・シーン

二五年ほど前、ある外国映画をみたときのことです。

結婚式の後のパーティーが庭先で開かれていました。白いドレスの少女が、大人たちの会話にも加わることができず、退屈そうにしていました。

そこへ、彼女の叔父さんに当たる男性が現れ、少女を庭の片隅に誘い、面白い話などを始めました。そして、彼女の気持ちを和らげながら、女の子にとって、大切なことがあるのだけど、知りたいか、と尋ねました。少女が目を丸くして、興味を示したあと、二人は手をつないで、暗闇のなかに消えてゆきました。

このシーンに私は衝撃を受け、ひどく胸騒ぎがしました。何故この映画に、こんなシーンを入れなくてはならないのかと、監督を非難していました。しかし、映画の視聴後、解説パンフレットを読んだとき、日本で有名な男性が、このシーンがもっとも良かったと絶賛し、評価してコメントしているではありませんか。実に驚きでした。

日本ばかりではなく、西欧諸国においても、子どもに対する性的虐待は、文化のなかに、深く組み込まれていた意識と行為です。しかし、「子どもの権利条約」などの影響を受けて、今でこそ大きく改善されつつあります。

そして、西欧には、刑法の面でも、日本がお手本にするべき先進的な国々があります。

2 家庭内での性的虐待

ここでは、性虐待の具体的な例を、『〈性〉なる家族』（信田さよ子著 春秋社 二〇一九年）から、父親による性虐待について、概略を引用させていただきます。

家庭外で行われる性暴力は、マスコミにより公《おおやけ》に報道され被害児の数は、膨大なものになります。しかし性虐待の場合は、家庭のなかで、同じ対象に、繰り返し行使されるもので、秘密裡に行われ、公にはされません。

加害者は、生活を共にする幼い娘（時には妹、孫など）に対しては、何をしてもかまわない、そして、性的関心を抱いて、それを実行しても、許容されると考えます。

何故なら、自分は父（兄、祖父）であり、より強い立場にあると考えるからです。そこには、自分は上で、相手は下（力の非対称性）だ、という価値観によって貫かれています。

娘は嫌がっている様子もないし、平気な顔をしている、自分のしたことは、周囲に知れることもない、二人だけの秘密に、という暗黙の合意ができています。今夜はお風呂で、明日はみんなが寝静まってから、と秘密めいているがゆえに、快楽に満ちたこの行為は、粛々と行使されていくのです。

性虐待の加害者は、市民社会においては、レイプをするような人間ではなく、仕事を通

じた人間関係ではセクハラも行わず、妻に対してDVを行使するわけでもありません。彼らは、決して粗野ではなく、常識人であり、時には仕事もできて、尊敬されている人なのです。

しかし、家庭においては、もっとも無抵抗で、いっさいの批判的な眼差しを、自分に向けるはずのない、自分の子どもに対してだけ、「かわいがり」の延長としての、性的接触を試みます。自分の子どもにだけ、という限定された性的行動は、妻に対する性行為とはまったく異なります。完全に支配し尽くせる、対象への暴力なのです。

3　権力をもつ者による性的虐待

権力の最高位にあるものは、家庭内においても孤独です、そんな彼らを、もっとも安心させ、癒してくれるのが、もっとも劣位に位置する幼女です。

すべての規範の外部にいる、無垢《むく》な存在こそ、彼が求めるものなのです。誰からも尊敬されている父が、同時に娘の性的虐待の加害者であることは、珍しくありません。

家族のなかの、力の弱いものを、自分の思い通りにしても良い、という考え方は、家父長的な信念といえます。家族は、力における上下関係（ヒエラルキー hierarchie）によって構成され、その優位的な存在は、劣位の者を支配してもかまわない、と思っています。何故ならば、家族を支えるのは自分の経済力なのだから、と考えます。

明治以降、脈々と続く、このような考え方は、二一世紀になってソフトに変貌したけれど、現在までその根幹は変わらないままです。ゆえに、もっとも劣位に位置する女児は、優位の立場の男性に、性的に支配される危険性がいちばん高いのです。

職場では、あからさまな権力の行使はなく、家庭の外では規範的で良い人であり、妻に対しても、あるべき夫婦の規範を守っています。威張りくさるような、粗雑な男よりも、自分のほうがはるかに優位だ、と考えている、このような人から、家庭のなかで、幼児は性被害を受けています(1)。

4　改正刑法の家庭内性虐待

二〇一七（平成二九）年七月一三日は、記憶にとどめるべき日となりました。一九〇七（明治四〇）年に制定された、刑法の「強姦罪」が一一〇年ぶりに改正され、「強制性交等罪」として施行されました。

とくに、「家庭内性虐待への処罰」は、今回の改正で、新設（創設）されたものです。改正前は、親から子への性虐待は、処罰の対象とされていませんでした。今回の改正によって、「監護者わいせつ罪」と「監護者性交等罪」が、新設されました。「地位・関係性を利用した性的行為に関する規定」によるものです。

従来の性犯罪が、加害者による「暴行または脅迫」が、被害者の反抗を前提としていましたが、親（監護者）による性虐待は、拒否が困難であり、その前提に当たらない、とするものです。

「一八歳未満の者に対し、その者を現に監護する者であることによる影響力があること

に乗じて、性交等を行った」場合には、暴行・脅迫がなくても、「強制性交等罪」や「強制わいせつ罪」が、成立することになりました。

しかし、この改正から積み残された問題の一つとして、法定刑は、通常の犯罪と同様です。すなわち、この件に関しては「時効の問題」が重要ですが、「公訴時効期間」は、「強制わいせつ」の場合は七年、「強姦」は一〇年で、今回の改正でも今までと変わりません。(2)

時効が今までと変化がないとは、どういうことでしょうか。

例えば、子どものころに、父親から性虐待を受けた女性の場合、さまざまなPTSD（心的外傷後ストレス障害のこと。トラウマによって生じる不快な症状）などの諸症状を乗り越えて、親を告訴できるまでには、二〇年の年月が経過している場合がほとんどです。

それなのに、今の時効のままでは、加害者である父親は、娘の苦しみも知らずに、何らの罪にも問われないで、今まで通りに生きることになります。

そして、父親などによる少女への性虐待は、罪の意識のないまま、日本社会のなかに、

深く存在し続けることになります。

先進諸外国では、とくにイギリスでは、性犯罪に時効はありません。またフランスやドイツでは、性犯罪の場合は、被害者が成人するまで時効は停止となり、成人後から計算することになっています。

レイプや近親姦をめぐる現実を少しでも変えるには、刑法によって、犯罪化されることがもっとも確実な抑止力になることは、残念なことながら、事実です。日本においても時効について考慮されるべきです。

二、一一〇年ぶりの刑法改正

1　改正のポイント

今回の刑法改正の主な点は、次のようです。

①性別を不問にしたこと。強姦・準強姦罪は、「強制性交罪」となり、男性も対象になり、ジェンダー・ニュートラルとなりました。

②厳罰化。これまでは、三年以上の懲役でしたが、五年以上の懲役となりました。執行猶予の可能性はなくなり、基本的に実刑が科されます。

③非親告罪化。親告罪は、被害者からの告訴がなければ、起訴できないものです。非親告罪化によって、被害者による告訴とは関係なく、事実があれば、必ず起訴されることになりました。

④地位・関係性を利用した性的行為に関する規定の創設。

（この件については、前節の「家庭内での性虐待」で詳述しています。）

今まで、性犯罪については、加害者に対してあまりにも甘すぎたため、厳罰化というよりも、適正化された、と考えるほうが適切でしょう。

しかし、積み残された課題が、まだたくさんあります。

一つは時効の問題です。公訴時効期間は、「強制わいせつ」は七年、「強姦」は一〇年で不適切です（詳細は前節に記してあります）。

次の大きな課題は、「強姦」罪等における「暴行・脅迫要件」です。被害者の反抗を著しく困難にする程度の、加害者からの「暴行または脅迫」があったことが、証明できなければ、「罪に問えない」のです。

怖くて動けない場合（凍りつき）や、実際に何をしても無駄だという、無力感を抱いても、「抵抗しなかった」ことになります。「激しい抵抗だけ」が、暴行・脅迫を証明する、という法律がある限り、加害者は、無罪になります。

この件について、弁護士の角田由紀子氏は、「司法判断に関していえば、女性が性行為について、自らイエス、ノーを判断できる存在だとみなしていないことが根底にある」と、前置きして、次のように解説しています。

「刑法が制定されたのは１９０７年、明治時代です。家父長制の下、女性は選挙権もなく、結婚すると民法上は法的無能者とされました。強姦罪は財産犯みたいなもので、権利を侵害されるのは被害に遭った女性ではなく、その夫や父でした。生きた人間としての被害者は存在しなかったのです」

「当時、女は家の子どもを産む存在だから、貞操を守ることが義務とされていました。貞操のために必死に抵抗するはずだから、それを凌駕《りょうが》する強さの暴行があった場合のみ、犯罪が成立するとしたのではないでしょうか(3)」

著者は、この解説を読んで、疑問がいくらか解けた気がしました。

男社会が築いた常識を問い直す必要があります。この国の法律は、男社会、男の生活をもとにつくりあげられたのです。そして現在でも、裁判官は多くが男性です。女性の人権を守るためには、どうしても世論によって、それをアピールするしか、方法はありません。

二〇二〇（令和二）年の改正に向けて、女性は、皆一丸となって、「性暴力はＮＯ」、と声を大にしていうべきでしょう。「時効」や「抗拒不能」に関しても、発言することが大切です。

2 「抗拒不能」について

前節で記したように、日本の刑法は時代遅れとなっています。イギリス、カナダ、スウェーデンなどの先進諸国では、「同意のない性行為」は、それだけで「犯罪」として扱われるのに対して、日本では、「抗拒不能」の要件が付くため、加害者の「暴行・脅迫」が許される、「無罪」となる場合が多いのです。

例えば、名古屋地方裁判所岡崎支部の、判決（二〇一六年八月）をみてみます。父親が、一九歳の娘に、「望まぬ性交」を求めたものですが、裁判所は、「この事実」は認めたものの、娘は父親に対して、「逆らう状態ではなかった」、すなわち「抵抗できない状態ではなかった」、という理由から、父親を「無罪」としました。これは、あまりにも被害者の娘に厳しすぎる判決です。

日本の裁判所は、「同意がない」ことだけでは判断できないとする立場をとります。すなわち、被害者による抵抗の程度によって、性行為への「同意の有無」を判断しているのです。

強姦被害者の訴えに対して、現場がどのようであったかが、問題となります。「人通りはあった」、「近くに交番があった」、「物理的に拘束されている状況ではなかった」、それなのに「助けを求めなかった」。ゆえに、「脅迫はなかった」、という結論から「無罪判決」となるのです。

日本の裁判所では、性犯罪の被害者が、恐怖のあまりに、「凍りついてしまう」という現状に対して、「配慮（想像力）」に欠けているといえます。

本当に嫌なら、「激しく抵抗するはずだ」とする考え方にもとづいているからです。しかしこれは、加害者側の、男の論理、といえます。

また、裁判所の立場は、「黒である」と、いいきれない「灰色」の場合は、「無罪」となるのがつねです。

それゆえに、繰り返しになりますが、「性暴力は、許されない」、「決して許してはいけない」、という、社会的コンセンサス（同意）をつくることが、もっとも重要だと思われます。

3　「同意年齢」の不備

また、「強制性交等罪」も「強制わいせつ罪」も、性交同意年齢が、一三歳と低いままであることは、日本の社会状況から矛盾があります。

最近の報道によると、東京都教育委員会が、中学生に関する性教育に関して、性交や避妊を教えることは、「中学生の発達段階を踏まえて、ふさわしくない」と、発言しています。

日本の社会では、中学生同士が、性交等を行うことの合意は、できていません。それにもかかわらず、性交同意年齢が一三歳のままという、矛盾した状況になっています。

同意が有効に成立するには、対等な関係が不可欠です。同意が前提であるならば、成人年齢をもって、性交同意年齢とするべきです。

被害者の「同意」に焦点を当てた、刑法の抜本的改正なくしては、性犯罪の多くを占める、リアル・レイプ（顔見知りや、親密な関係における、性犯罪）は、性犯罪として、扱われない運用が、継続していきます[4]。

家庭内で性被害を受けた少女たちが、他の子どもに性的加害をしたり、まともな人生を歩むことができず、性産業等で働くようになる事例などがあります。この件については、吉田タカコ著『子どもの性被害[5]』を、参照していただきたいと思います。

日本の性犯罪に関する状況は、被害者にとっては過酷であり、現に最近では、性犯罪が「無罪」となる例が頻発しています。性法制の改正は、やっと始まったばかり、といえるかもしれません。

二〇二〇年の一部改正には、「時効撤廃」または「被害者が成人するまでの時効停止」を実現してほしいと思います。そして、「暴行・脅迫要件」の削除や、「同意年齢」など、矛盾点の見直しが切に求められます。

三、凍りつき現象

1　恐ろしさによる反応

「なぜ被害者は、抵抗しなかったのか」、強姦罪に対して、日本の裁判所の判定の基準は、「合意」を加害者の目線で規定していて、被害者の目線ではありません。

例えば、暴力行為を問われた加害者が、「彼女（被害者）は、同意していた」といえば、罪は帳消しになります。

被害者が、恐ろしくて、「凍りついてしまった」場合は、「反抗できない状態である」、にもかかわらず、「反抗していない」と見なされます。すなわち、被害者は、実際に性行為に「合意していない」のに、「強姦ではない」とされるのです。

言い換えれば、女性が恐ろしい目に遭わされたとき、一般的に「殺されるかもしれない」と思い、抵抗を弱めてしまいます。このとき、加害者である男性は、「合意があったと思った」と、供述するのがつねです。

そして、結果的に「無罪」となります。しかし、この「凍りつき現象」は、人間の脳の働きによるもので、意識的には統御できない、統御不可能な、身体反応なのです。

2 凍りつき現象

以前より、動物界では、恐怖や脅威に直面したとき、「凍りつき現象」、「偽死」、「緊張性無動反応」という、防御反応をとることは、よく知られていました。この反応が、人間でも起こることが発表されたのは、ごく最近のことです。この件について、椎名葉氏は、「性被害と凍りつき」について、詳細に紹介しています。(6)

突然の恐怖に対する生理的反応は、その脅威の大きさによって、次のように進行し、エスカレートします。

「興奮」→「闘争か逃避か」→「凍りつき」→「緊張性無動反応」。

被害者のストレスの度合いや、脅威にさらされる時間が増えるにしたがい、能動反応が止まり、身体を動かすことができなくなります。このような反応を経験した被害者は、その後PTSD（心的外傷後ストレス障害、トラウマ）に苦しみます。これらの反応は、脅威にさらされることの多い、兵士や警察官にも現実として起きています。

被害者が、トラウマから回復するには長い時間がかかります。アメリカの歌手のレディ・ガガさんは、一九歳のときに強姦され、七年間も誰にも話せませんでした。公表したのは、二〇一六（平成二八）年の暮れ、三〇歳のときです。

強姦は顔見知りの場合が多く、知識をもち合わせていて、「証拠を残さなければ」、と思うことができれば、必ず警察に行きます。しかし、一般的には、「まず、シャワーを」と、なってしまいます。そのうえ、被害者は、「落ち度」を問われます。そして、被害に遭った自分を責め続けるのです。

自分の身体に向き合うのが怖い、という脅迫症状が出て、「悪いのは、自分だ」と思いこみ、長い間苦しむのです。性暴力は、生命に近いところを傷つける点が、大問題なのです。

3 「暴行・脅迫要件」の解消を

前述したように、他の先進国では、性行為への「同意」がない、ことだけで「犯罪」と認められるのに対し、日本では、「客観的に、同意を、判断する必要性」から、犯罪要件に、加害者の「暴行・脅迫要件」が残っています。被害者の抵抗の程度で、性行為への「同意」の有無を判断しています。

なくならない性暴力と、性犯罪に対する司法判断に抗議するデモが、大阪、東京、福岡でありました。女性の意思に反した性交であるにもかかわらず、相次ぐ「無罪判決」の不当性を訴えました。さらに、裁判官たちのジェンダー観を問い直したいと、訴えました。「抵抗しない」のではなく、生理的な反応として、「抵抗できない」という事実が、広く知られて、社会的に認知されることにより、日本の司法も、その点を考慮するであろうと期待します。

被害者等にとって、非常に不公平なこの部分を、人々による下からの支えによって、クリア（clear）、しなければなりません。

引用・参考文献

（1）信田さよ子『〈性〉なる家族』春秋社　二〇一九年　73～75ページより著者要約
（2）『現代思想』二〇一八年七月号　80～86ページ　後藤弘子「性犯罪規定の改正が意味するもの」より著者要約、および『朝日新聞』「変わる性犯罪と法」二〇一七年九月二〇日～二三日の四回シリーズを参考
（3）『朝日新聞』「性暴力が無罪となる国」インタビュー　弁護士　角田由紀子　二〇一九年九月六日付
（4）前掲書（2）80～86ページ　後藤弘子「性犯罪規定の改定が意味するもの」より著者要約
（5）吉田タカコ『子どもの性被害』集英社新書　二〇〇一年
（6）『世界』二〇一八年八月号　87ページ　椎名葉「性的被害と凍りつき」より著者要約

第五章　ドメスティック・バイオレンス

——家庭内での無意識の支配と管理

一、ドメスティック・バイオレンスに含まれるもの

ドメスティック・バイオレンス（ＤＶ）は、一般的に、夫婦間の身体的な暴力と考えられがちですが、次のような例もそれに含まれます。

1　ドメスティック・バイオレンス（その一）

ある日、学生たちと、ドメスティック・バイオレンスについて、話し合っていたときのことです。ある学生が、次のように語りました。

私の友だちは、恋人と会うたびに、彼から暴力を振るわれるのです。「そんな人とは、早く別れなさい」と、再三忠告するのですが、また会いに行ってしまいます。「暴力をふるった後、彼はとっても優しく接してくれるの」、「私から別れてしまうと、彼はダメな人になると思うの」といって、彼のもとに通い続けています。

「彼女のお母さんも、夫から暴力を振るわれながら、妻の役目を果たし、子どもたちを育て、彼女はそれをみて育ったのでした。ですから私は、別のタイプの男性を選ぶのかと思っていましたら、同じようなタイプの男性を選んでいるのですよね。お互いに引き合う、何かがあって、それを感じ取って、二人は恋人になるようです。とても不思議です」と話してくれました。(1)

この例は、今の言葉でいえば、「デートＤＶ」のことです。デートＤＶも、ドメスティック・バイオレンスも、本質的には同じ考え方にもとづくものです（本章で後述しますが、「デートＤＶ」という言葉を発案したのは、山口のり子氏です）。

以前、ドメスティック・バイオレンスという言葉も、定義も知られていなかった時代には、「夫の暴力は、愛情表現の一つ」と、聞かされることがありました。

また、家庭内で起こることは、他人が干渉すべきではないこと、警察でさえも介入できないこと、と聞かされていました。

一九世紀から二〇世紀の時代と社会は、日本ばかりではなく、世界におけるどの国においても、夫の暴力を容認していたのでした。

そして、日本の場合は、男性（夫）の心の問題（イライラした気持ち、職場での人間関係の問題など）の処理まで、女性（妻）が引き受けて、背負っていたことを表しています。このような精神面における問題を、力によって解消しようとする仕方は、明らかに夫による物理的な暴力です。

妻は、夫の所有物であるから、暴力にも耐えて、夫に従い、夫を支えてこそ、妻であり得る、とする考え方によるものです。

結婚前のデートのときにも、この古い考え方を態度のなかで表示している男性は、結婚して家庭をもった後も同様であり、変わることは難しいと思われます。

2　ドメスティック・バイオレンス（その二）

一方で、ドメスティック・バイオレンスには、精神的な暴力もあります。

最近、『カウンセラーが語るモラルハラスメント』（谷本恵美　晶文社　二〇一二年）という本を読みました。

モラルハラスメント男性（モラハラ・パーソナリティーの男性）は、一般的に教養面でも、精神的なプライドの面でも、素敵な女性を自分の妻として選びます。その女性を自分の思うようにコントロールすることで、快感と自分自身の優越性を保持しようとします。

男性自身も知的レベルは高く、話術も巧みで、理屈で相手を思いのままに操作し、支配することができます。夫は妻をからかいますが、それは、彼にとって快感を覚えるからであり、相手が傷つこうが、彼自身にはいっこうに関係がありません。

それどころか、傷ついた、と訴える妻に対して、自分の楽しみを奪う妻が許せないのです。自分のために、妻はそこにいるのだと思い込んでいます。

脅したり、すかしたりすることは、夫・加害者の得意とする心理的テクニックです。このテクニックにより、妻を思い通りに操作します。

操作的で、支配的なこの精神的な暴力に対して、被害者（妻）は、暴力を受けていることに気がつかないまま、心がズタズタになっていきます。

これは、密室における暴力です。加害者は、外部の人に対しては、人付き合いが非常によく、愛想もよく、外面的には最高に紳士的であるため、「まさか、あの人が」といわれ、外部の人には、「暴力がある」とはなかなか認識されません。

ある女性は、子ども三人が成人するまで我慢し続け、その後、離婚しました。また、二人の子どもを連れて、家出を強行した女性がいました。モラハラを受けた人は、想像よりも、はるかに多いのではないかと思われます。

以前は、「性格的不一致」などとして、処理されることも多く、また「我慢できないのは、女性のほうが悪い」、とされる場合が多かったと聞きます。

夫が無意識のうちに起こしている行動ですが、妻もまた、無意識のうちに、「私が、いたらないから」と、自分自身を責めて、結果として、心がボロボロになるのが、モラルハラスメントの特徴、といわれています。


一九九九（平成一一）年、フランスの女性の精神科医、マリー＝フランス・イルゴイエンヌの著書『モラルハラスメント　人を傷つけずにはいられない』（紀伊國屋書店）が、日本で翻訳・刊行されました。それ以後、「見えない暴力が、ある」ことが、少しずつ知られるようになりました。妻に対して、「個人としての、自由・思想・生き方」を否定しています。個人を、個人として認めないのは、妻の人格に対する精神的な暴力です。(2)

ドメスティック・バイオレンスには上記に掲げた恋人や夫による身体的暴力、精神的暴力のほかに、「言語による暴力」（相手を馬鹿にした言葉、怒鳴る、皮肉や嫌味を言う）、「性的な暴力」（セックスを無理強いする、力や暴力でレイプする）、「経済的暴力」（家計の管理を独占する、使い道を細かく報告させる、最低限の金しか渡さない）、「社会的暴力」（孤立させる、友だち関係を制限する）などがあります。

二、日本のＤＶの現状

１　日本のＤＶ対策

一九九五（平成七）年、日本で初めて、ドメスティック・バイオレンス（以後ＤＶと表記）という言葉が使われるようになりました。二〇〇一年に、「ＤＶ防止法」が制定され、ＤＶは犯罪である、暴力である、という啓発活動が、各地の男女共同参画センターを中心に、全国的に行われました。

この言葉ができる前は、多くの女性たちは、夫を怒らせたのは自分が悪いと思い、耐えていましたが、これを契機に、自分自身をＤＶ被害者と名づけることができるようになりました。

他方、各自治体には、ＤＶ相談窓口を設置することが義務づけられましたが、被害者支援の方向性は、ＤＶ被害者に逃げるように勧め、保護命令を出し、シェルターに入所後、生活保護を受給させ、加害者から身を隠して、新しい地で生き直す、というものです。

著者は、あるシェルターで、ボランティアをした経験から、この件をよく理解できるのですが、被害者に対する対処の方法の根底には、加害者は暴力をやめることはない、暴力から離れて、安全を確保することが第一である、とする考え方が、前提としてあります。

ＤＶ政策の先進国であるカナダやアメリカでは、まず加害者を逮捕し、勾留《こうりゅう》、起訴、裁判をほぼ一〇日以内に終わらせます。そして重罪以外は、加害者プログラムの受講が命令されます。プログラムの受講をもって、刑罰に代替させるのです。この根底は、加害者を教育することにより、更生させることができる、という考え方にもとづきます。

しかし、日本では、「ＤＶ防止法」制定後、一八年が経つのに、いまだに、公的機関ではＤＶ加害者プログラムを実施していないのが現状です。本章の三において、私設のグループによる、「ＤＶ加害者更生プログラム」を紹介したいと思います。

2　DV男に対するある対処法

DV被害者のカウンセリングでは、暴言や暴力に傷ついた女性に対して、別居や離婚も視野に入れた、きめ細かな支援をすることは、いうまでもありません。

しかし、別居に踏み切ることができない女性も多くいるのも現実です。経済力や子どもの年齢、親族の事情、健康状況などにより、逃げられない、と考える女性は多いのです。この場合は、夫とどのような共同生活をすればよいのでしょうか。

DVは、被害者を脅かしつつ、なにゆえ思い通りにならないのかと、憤りを募らせる、暴力行為です。

ですから自己主張が強く、プライドに満ちた妻（女性）に対しても行使されます。被害者は、無力な、か弱い女性ばかりではありません。

DVは、自分の思い通りに行動しない妻に向けて、怒鳴り、物を投げ、時には殴りかかってきます。その瞬間、被害者は凍りつき、震え、逃げるかもしれませんが、その行動は、生命維持のために正しい行動です。

しかし一方、心のなかでは、へこたれない、くたばらない、そのために、せせら笑うのです。

「嘲笑し、軽蔑する」ことは、ナチの強制収容において、人が正気を保つための知恵とよく似ています。DVでは、被害者は、知識で武装することにより、プライドを死守しなければなりません。(3)

私は、この状況をよく理解することができます。なぜならば、明治生まれの化学技術者であった父と、大正生まれで、当時としては高学歴で、弁の立つ母をもち、その間で育った私は、夫婦喧嘩（当時はDVという言葉がなかった）を、日常的にみていました。それゆえに、これを反面教師として、自分の伴侶を決めたのですが、今でもこれは成功だった、と思っています。

3　DV男の「当たり前」の信念

「釣った魚に餌《えさ》をやる馬鹿はいない」とか「妻は、自分の思い通りに育てるものだ」、「妻は自分の所有物」などと、この時代になっても、そう思い込んでいる男性がまだ大勢います。男性優位が修正されずに、「当たり前」としているために、妻の立場や、子の立場には考えがおよびません。

問題となるのは、「当たり前」のなかに眠る、歪《ゆが》んだ優位性です。男性中心の女性蔑視的価値観は、無意識のなかに、つねに発信されています。「身のまわりの世話」や、「自分を最優先にしてもらうこと」が許されるのは、自分の社会的地位や、権力によるものであることは、まったく認識されていないのです。

DVの起こる要因の一つは、「力と支配」です。この価値観は、日本の社会のなかに満ちています。普通の親が、教師が、また部活の監督が、「力と支配」を日常的に子どもたちに、みせつけます。子どもたちはそれらをみて、体験しながら、学んで、育っていきます。

また漫画や、テレビ番組や、映画のなかにも「力の支配」が組み込まれています。社会人になっても、職場は、「力と支配」の関係で満ちています。

その結果として、ごく普通の男性が、無意識のうちに、ＤＶの加害者になってしまうのです。

加害者に対しては、相手に対する対応の視点から、暴力に対して、気づかせるための方策が、どうしても必要です。

しかし、前述したように、日本では、まだ公的な機関による、加害者更生のためのプログラムは実施されていませんが、先進国であるカナダにおける実践プログラムにおいては、ＤＶ加害者更生プログラムと、性犯罪者処遇プログラムとは、構成や内容面がよく似通っているそうです。共に、無意識による「力と支配」が、彼らの精神の部分に、根本的に存在することによるものです。

三、日本におけるＤＶ加害者更生プログラム

1　性虐待被害者への支援活動

当時、一二歳だった長女に性的暴行を加えたとして、強姦《ごうかん》と児童買春、児童ポルノ禁止法の罪に問われた父親に対して、静岡地方裁判所は、強姦罪については「無罪」、としました。その理由は、家族がいるのに気が付かなかったことは、「あまりにも不自然」、というものでした。

このような、子どもに対する、性虐待について、野田正人氏（立命館大学　司法福祉論）は「救いを求める、抵抗する、などの手段を学習する前の子どもが、性的暴力に、巻き込まれています。加害者から、精神的に支配され、「抵抗」という選択肢を奪われている点は、虐待とＤＶは、共通しています。それについて、子どもにかかわる、すべての人

が認識する必要があります」と力説しています。

公的支援が、期待できない日本において、虐待やDV被害の経験者を支援する、私的な施設があります。

一般社団法人「WANA関西」の代表、藤本美奈子さんは、「多くの被害者は、精神的な課題を抱えています。大半は、性暴力を受けたことを相談できないまま育っています。被害を周囲に訴えた場合も、警察では、根ほり葉ほり聞かれて、しんどくなるだけ。密室のことで、証拠がない、といわれる、などの経験をしています。

藤本さんは、一方で、被害者に職業訓練や、自尊感情を回復するプログラムを提供しています。親から性暴力を受けた一〇代、二〇代の女性たちが通ってきます。多くは児童相談所からの紹介です。

「従わざるを得ないと、思っている事実を、社会は受け止めたうえで、被害者に救済の場を提供することが、重要です」と藤本さんは、語ります(4)。

2　DV加害者のための更生プログラム

山口のり子さんは、ロサンゼルスで、DV加害者のためのトレーニングに参加し、帰国後二〇〇二（平成一四）年に、「アウェア」（aware：英語で「気づく」という意味）を開設し、日本人向けの加害者教育プログラムを始めました。そしてその後、山口のり子著『愛を言い訳にする人たち――DV加害男性700人の告白』[5]を出版しました。

この書からは、理論ではなく、加害からの告白など、実践からの強烈なメッセージを読み取ることができます。

ここでは、その実践報告をもとに、DVの加害者とは、どのような人か、なぜ、妻に暴力を振るうのかなど、そのアウトラインについて引用し、要約しつつ紹介したいと思います。

DVは、「考え方と価値観」の問題ですから、プログラムは教育と訓練です。ゆえに、加害者の更生を支援する教育プログラムを作成し、提供しているのです。

それは、被害者支援の方法のひとつとしていますから、パートナーが参加に同意しなければ、男性は参加できません。被害者（妻）の願いは、主として「彼に気づいてほしい」、「彼に変わってほしい」、というものです。

3　更生への具体的な方法

さまざまなテーマを使って、話し合うためのプログラムがあります、参加者が、どのぐらい自分のことを正直に話すか、また仲間の話を聞いて、いかに真剣に自分に向き合うか、また考えて、どのように発言するか、などが重要な内容となります。

参加者たちが、自ら答えを出していくように促します。「皆で変わっていこう」という気持ちにし、グループ内での心理的相互作用（グループ・ダイナミックス）による効果をめざします。

プログラムでは、「振り返り」という時間があり、その一週間に、ＤＶをしてしまったら、それを正直に告白し、また相談したいことを、グループに投げかけたりするための時間をつくります。これが、とても有効な話し合いの時間となる場合が多く、このときは十分な時間をとります。

また、彼がしたDVの具体的例と、そのときの彼女の気持ちを、グループで話題にし、話し合って、彼に気づきを促します。

彼女に対する態度と行動は、グループ内でつねづねみせる男性の話と、あまりにもかけ離れていることも多々ありますので、加害者の話を聞くだけでは、非常に危険であることが、よくわかります。その場合は妻を呼んで話を聞きます。

さらにここでは、自分の妻を「さん」づけで呼びます。妻を、自分とは違う別人格をもつ人間として、対等に平等にみて、尊重するための訓練の一つです。言葉は、意識を変え、意識は言葉を変えます。

DVに国境はありません。文化も、言葉も、宗教も、学歴も、職業も関係はありません。良いところをいろいろもっている男性なのに、DVという深刻な問題を、自ら抱えてしまった、普通の男性です。誰でもDVの当事者になり得る、ということになります。(6)

4　プログラムへの参加のきっかけ

最近、警察は、ＤＶの通報を受けて駆けつけた際、暴行行為や、傷害行為が認められた場合は、加害者を逮捕し、二日間勾留します。逮捕されたことで、ショックを受け、身体への暴力をやめる人もいるようです。

一方妻は、警察が夫を逮捕したことで、自分がされていたことは「犯罪だ」と確認でき、帰ってきた夫に、アウェアに行くように要求できる場合があります。

被害者である妻が通報するなど、「行動を起こす」ことが、夫のプログラムへの参加のきっかけとなっています。

しかし加害者は、言葉や精神的暴力が、相手をどれほど傷つけているか、には気づいていません。「自分は、たいしたことはしていない」、「ＤＶに、自分は無関係だ、と思っていた」と、多くの加害者が語ります。

彼らは、女性が覚悟して、保護命令を申請するとか、家を出ていくとか、離婚を突きつけるとか、警察に通報するなど、きっぱりとした行動を起こすまでは、自分のＤＶに、気がつきません。

なぜならば、加害者である夫は、自分の考えは「普通」であり、「つねに正しい」と信じているからです[7]。

5　ＤＶ加害者の共通点

「自分は正しいと思い込んでいる」、「自分のしていることが、ＤＶだと気づいていない」、「外面（ソトヅラ）がいい」、「自己中心的」、「ものごとに対する強いこだわり」、「自分の価値観を押しつける」、「特権意識が強い」、「女性を見下している」、「妻は自分のものだという所有意識」、「支配を強化するために、相手を罰する」、などが、加害者の共通点です。

右の項目の大部分は、読んだだけで夫のなす行動やその意識が理解できますが、「特権意識」については、次のことがらがつけ加えられています。

・身のまわりの世話をしてもらう権利
・気分や心のケアをしてもらう権利
・自分を最優先にしてもらう権利
・性的欲求のケアをしてもらう権利
・服従してもらう権利
・責任や批判から逃れる権利

これからからは、まるで江戸時代のお殿様の姿や様子が、思い起こされるではありませんか。[8]

6　DVのない社会をめざして

山口のり子氏は、「DVのない社会をめざして」、次のように語ります。

DVは、社会が生み出している問題です。人々の意識と社会構造が変わらない限り、DVはなくなりません。日本人一人ひとりが、「DVは自分には関係ない」と考えるのではなく、「それは自分の問題だ」、と考え方を変えなくてはなりません。社会構造を、「女男平等」に変えること、被害者支援を充実させること、若者への防止教育を広げること、加害者対策を社会全体で講じること、それらすべてが、重要です。（・・は著者）

DVの本質である「力と支配」は、人間関係の最小の単位である、夫婦や恋人などの間で起きますが、大きくは国単位でも起きます。国会における安倍政権の「力と支配」は、DV加害者がすることと同じです。

次世代には、原発も、戦争もない、一人ひとりの人権が大切にされる社会を手渡したいと、結論づけています(9)。

著者は、男女平等の日本社会をめざして、家庭科の男女共（修）学をめざす運動に参加し、男子にも受け入れられる、そのうえ喜んで学ぶ内容や方法などを、先進的に提示し、啓発的な活動をしてきた経験を、もっています。

社会が変わらなければ、DVも続くことでしょう、との意見にも賛成です。しかし、気がついた人が、気がついたときに、運動を起こすことがとくに重要だと思います。国の施策は、このような領域において、つねに遅れがちですから、この領域における山口さんの実践は、その先駆的役割を担っていると、信じ、高く評価しています。
それにしても、「男」と「女」の文字を入れ替えて、「女男平等」とされたことには敬意を表します。言葉は意識を変える道具、と思っています。それには、時間がかかるかもしれませんが、根気よく実施する必要があるでしょう。

引用・参考文献

（1）櫛田眞澄『無意識の男女差別――その深淵に迫る』現代図書　二〇一四年　4～5ページ
（2）前掲書（1）5～7ページ
（3）信田さよ子著『〈性〉なる家族』春秋社　二〇一九年　132～139より著者要約
（4）『朝日新聞』二〇一九年五月一三日付より著者要約
（5）山口のり子著『愛を言い訳にする人たち――DV加害男性700人の告白』梨の木舎　二〇一六年
（6）前掲書（5）78～79ページより著者要約
（7）前掲書（5）84～94ページより著者要約
（8）前掲書（5）94～96ページより著者要約
（9）前掲書（5）179～191ページより著者要約

第六章　紛争下における性奴隷の実態

——イラクで性奴隷にされたナディアさんの告白

一、ヤジディ教徒のナディアさんにノーベル平和賞

1　ノーベル平和賞受賞の理由

二〇一八（平成三〇）年の、ノーベル平和賞は、アフリカの婦人科医師デニ・ムクウェゲさん（63歳）と、イラクの女性ナディア・ムラドさん（25歳）が受賞しました。

コンゴ民主共和国における内戦や武装勢力の乱立により、女性のレイプ被害が相次いだときに、デニ・ムクウェゲさんは、そこで被害女性たちの治療や支援を二〇年近くにわたり続けてきました。

ナディア・ムラドさんは、二〇一四年八月、過激派組織「イスラム国」（ＩＳ）によって、イラクのヤジディ教徒が襲撃され、虐殺されたとき、家族の兄弟六人と母を殺され、自らも「性奴隷」とされました。九死に一生を得て三年後にドイツに行き、今では国連親善大使に就任して、果敢にも世界に向けて性奴隷について、告白を続けています。

ノーベル委員会は、国際刑事裁判所をつくった一九九八年のローマ規定で、戦時の性暴力が、重大な国際法違反とされたこと、および二〇〇八年の国連安保理決議でも、性暴力は戦争犯罪であり、国際的な平和と安全への脅威だ、と認められたことをもとに、「紛争下での、女性の基本的権利と安全が守られない限り、より平和な世界は、実現されない」として、二人に平和賞授与を決定しました[1]。

2　受賞理由と選考委員長の談話

・生涯をささげ、紛争の手段としての性暴力を止める努力をした。
・性暴力の体験を自ら語り、人身売買の実行犯の責任を問うた。
・戦争犯罪に立ち向かい、国際法に基づく友愛精神を促進した。

ノルウェーのノーベル委員会を率いた、ライスアンデシェン委員長は、二人を選んだ理由として、「性暴力の被害者の苦しみを語ることで、一人の市民であっても、平和に貢献する、格段の努力ができることを示したかった」と、語りました。また「私たちは、ＩＳのような暴徒が、少数派を絶滅するために、いかに性暴力を、組織的に、かつ計画的に使っているかを示したかった」とも、語りました。

一方で、性暴力の撲滅については、「国際社会の努力は、明らかに足りない」と述べましたが、これは、戦争犯罪が十分に調査されず、責任あるものが、国内的にも、国際的にも裁かれない現状に不満を示したものです。また、「被害者の体験が語られることで、加害者を罰することが可能になる」、とも話しました。

ライスアンデシェン委員長は、さらに「高齢になった韓国の女性たちが、勇気を出して何が起きたかを語った。彼女たちも性暴力の被害者だ」、と語りました。(2)

二〇一八年は、性被害に声を上げた「#Me Too」運動が、全世界的に広がった年でした。多くの人が、性被害の深刻さを身近な問題として、認識し始めたときでもありました。ノーベル委員会が、紛争下の性暴力に光を当てたのは、国際社会に行動を促すためであると思われます。私たちも行動を起こす日本でありたいと、切に願うものです。

3　イラク北部のヤジディ教徒

ヤジディ教は、ゾロアスター教に、キリスト教などの要素が加わった宗教です。イラクには信者が約五五万人いました。ＩＳは、これを「悪魔崇拝」の宗教として、迫害しました。

ヤジディ教徒が多く住むジンジャール周辺は、昔はクルド人主導の、クルディスタン地域政府が統治していました。そこへ二〇一四年に、ＩＳが侵攻して、占領しました。このとき、多くのヤジディ教徒が虐殺され、若い女性たちは、性奴隷にされてしまったのです。

ナディア・ムラドさんは、ジンジャール地区について、家族について、また彼らの信仰心について、自著『THE LAST GIRL――イスラム国に囚われ、闘い続ける女性の物語』のなかで詳細に記しています。

貧しいながらも、日々を豊かに、信心深い母を中心とした、大家族の平和な日々の生活が展開していました。彼女は、将来、美容師になり、家族の近くで美容院を設立して、地域の人々に喜ばれる生活を夢見ていたのでした。

それなのに、突然のＩＳの侵略により、平和な家族の生活は、ことごとく破壊されてしまいました。

二、性奴隷の実態

ここでは、ナディア・ムラド、ジェナ・クラジェスキ著『THE LAST GIRL――イスラム国に囚われ、闘い続ける女性の物語』（東洋館出版社）から、ナディアさんが語る、性奴隷の実態について、要約しつつ、記しておきます。

1　性奴隷とは

ＩＳが、ジンジャールを占領し、略奪してきた人間（女性）をサビーヤと呼びますが、それは、性奴隷として売買する若い女性のことを指しています。

ヤジディ教徒の女性は不信心者と考えられ、コーランの解釈によると、奴隷としてレイプすることは罪ではない、とされています。

何千人ものヤジディ教徒の女性たちが、住んでいた場所から、ISの基地に連れてこられ、売買され、あるいは交換され、地位の高い戦闘員や族長らに、贈り物として与えられています。

奴隷市場は夜に開かれます。男たちは、私たちを、ぐずっている子どものように扱い、髪型や口をみて、品定めをします。

「こいつらはとても若い。ヤジディ教徒の女は、結婚するまで性交渉はしない」、といいながら、私たちの足や、胸を撫《な》でまわしました。

ジンジャールへの攻撃と、そこの女性たちを連れ去り、性奴隷にすることは、貪欲な兵士が思いつきで決めたことではありません。

イスラム法に照らし、イスラム国の全構成員が、同じルールに従うように、文章化してありました。そして、それにはコーランの詩文や、中世のイスラム法の一部が、抜粋して添えられています。レイプが戦争の武器として使われるのは、歴史上、これが初めてではないのですから。

2　レイプのための契約

どのヤジディの女性が、どの戦闘員の所有になったかを、公式に認めてもらうための書類を作成する必要がありました。これが、戦闘員たちが「結婚」と呼んでいる、レイプのための契約でした。

ハッジ・サルマーン（ナディアさんの所有者）からは、何をされるにしても、どれだけ抵抗したとしても、私は、この男を撃退することはできないと思いました。

家族と離れ、モースルの地で囚われの身になったとき、あまりの孤独に、自分が人間であるという感覚さえ、失いかけていました。

私のなかでは、何かが死んでしまったのです。ハッジ・サルマーンが、私を他所《よそ》にやるまで、この家にいましたが、その間、苦痛ばかりが続きました。

あの男は、連日、暇を見つけては私をレイプし、朝は、あれこれと仕事をいいつけては出ていきました。

家を片づけておけ、この料理をつくれ、この服を着ろ、と。それ以外で私にいうことといえば、「アッ＝サラーム・アライクム」（イスラム教の呪文）、という言葉だけでした。

何千人ものヤジディ教徒の女性が、性奴隷として売られ、体がボロボロになるまでレイプされるのをただ傍観し、眺めている人がいることも、理解できませんでした。

ヤジディ教徒の未婚の女性にとっては、イスラム教に改宗させられ、処女でなくなることが、どんなに重要なことであるかを、彼らは知っていました。そして住んでいたコミュニティーと、そこの宗教指導者は、もしも私たちがもどっても、受け入れないことを、利用していたのです。

3　逃げる決心

ある日、逃げる決心をして、窓枠から外へ身を出したとき、自分の体の下のほうで、銃を構える音がしました。

「中へ入れ」、男の声が、下から怒鳴りつけました。

ドアが開き、サルマーンが入ってきました。手には鞭《むち》を持っています。サルマーンは無言のまま、私を鞭で打ち始めました。激しく、素早く、強い怒りを込めて、何度も鞭は振り下ろされました。そして、ドアを開けて、出て行ってしまいました。

次の瞬間に、六人の男が部屋に入ってきて、次々とレイプしました。

翌朝、体を動かそうとすると、頭がぐるぐるとまわり、また無意識の世界へ引きもどされました。目が覚めて、シャワーを浴びながら、神様に「助けてください」と祈りました。しかし、そのまま、また眠りに落ちていきました。

次に目が開いたとき、運転手が、「起きるんだ、服を着るのだ」といいます。

「何処へ行くのですか」と聞くと、「サルマーンは、お前を売ったんだよ」。

人間の尊厳を奪われ、奴隷として売られることは、一度だけで十分なのに、また、戦闘員から戦闘員に売られていくとは。

車は次の施設に着きました。ここで新しい所有者に会うのだ、と運転手はいいました。

ある時点を過ぎたときから、レイプ以外には何もなくなりました。それが日常になってしまいました。過去の生活は遠い記憶となり、夢のように思えました。これがあなたの人生なのだ、と受け入れてしまえば、もうそこにはレイプと、無感覚しかありませんでした。

男たちは全員が、自分は私たち女性を傷つける権利がある、と思っているテロリストでした。所有者に従わなければ、食事を抜かれ、拷問されます。

三年の間に、ISにつかまって、性奴隷にされた、他のヤジディ教徒の女性たちの話と共通していることは、みんな同じ暴力の犠牲者だ、ということです。

市場で買われるか、新入りの戦闘員や、位の高い司令官などに、贈り物として与えられるか、のいずれかです。

受け渡され、レイプされ、屈辱を与えられたのち、またレイプされ、殴られ、そしてまた別の戦闘員に売り渡されるか、贈与されるかです。それは身体が動かなくなるまで繰り返され、続きます。

4　ある家族の援助で難民キャンプへ

性奴隷としての、彼女の新しい所有者が市場に買い物に出たとき、試しにドアを押してみたら、なんと鍵がかかっていませんでした。外へ出ることができましたが、恐ろしさは格別でした。

しかし、アバヤに身を包み、ニカブで顔を隠していたことが幸いして、とくに目立つこともなく、村のはずれの、ある一軒の家にたどり着きました。

アッザーウイーという部族の家族でした。

この部族は、ヤジディ教徒とは、長い間、親しい関係のあった部族です。

ＩＳが街に攻めてきたとき、同部族の多くは逃げたけれども、この家族は、ほかに行くところがなかったので、この街に留まったと、この家の主人はナディアに説明しました。

この家族による親切心と、大きな犠牲と、また危険を冒しながらの脱出の旅が、彼女に待っていました。

偽造の身分証明書をもち、その家の家族の一員である若い男性と、ナディアは夫婦であるように偽装して、いくつもの検問所を、何とかして次々と通過することができ、ついにキャンプにたどり着きました。

そのキャンプで彼女は、偶然にも国際的に活躍している支援者と出会いました。彼女の人生は、奇跡的に大きく変化することになったのでした。(3)

そして、二〇一六年の九月には、人身売買の被害者の尊厳を訴える、国連親善大使に、就任しました。

三、ナディア・ムラドさんが訴えること

1　国連での演説

紛争下のイラクで、性奴隷にされたナディアさんは、自分自身が、イスラム国（ＩＳ）から受けた性暴力を、国際社会に告発してきました。

二〇一六（平成二八）年九月の国連の演説で、各国代表に次のように問いかけました。「首を切断、性奴隷、子どもへのレイプ、これらの行為に、突き動かされないのならば、何時、行動に移すのですか」、「私たちにも、生きる価値があります」。

ＩＳによるヤジディ教徒への迫害は、国際世論を動かし、当時のアメリカのオバマ政権が、イラクで、対ＩＳ空爆を始めるきっかけともなりました。

また、彼女は、

「私が、集団虐殺の生存者です。世界に、犠牲者の声を届けたいと思います。各国の指導者である皆さんの行動は、人々の暮らしに、プラスにもマイナスにも、影響を与えます。暴力から逃れてきた女性や子どもに、国境を閉ざすべきではありません」と訴え、各国政府に難民を保護するように、求めました。

ノーベル平和賞の受賞にあたっては、

「この賞を、ヤジディ教徒やすべてのイラク人、少数派、世界中の性暴力に遭った人たちと共有します」、と声明を出しました。(4)

記者会見などでは、次のように語っています。

・私の望みは、性暴力の体験を訴えるすべての女性が、その訴えに耳を傾けられ、受け入れられること。
・声をあげられない人々の声になる。正義を求める人々のために立つ。
・皆さんやその家族だけでなく、私たちにも生きる価値がある。
・一つの賞や、一人の人間だけでは、その目的を達することはできない。(5)

イラクの北部には、ヤジディ教徒が約五五万人いましたが、約六四〇〇人が連れ去られ、今も約三一〇〇人が、行方不明。三六万人が郷里から離れ、今でも避難生活を続け、一〇万人が欧州など国外に逃れた、とされています。そして、避難キャンプには、ナディアさんと同様に、性被害を受けた女性たちが生活しています(6)。

2 紛争下での性暴力

紛争下の性暴力は、古くからある問題です。世界各地で繰り返され、その被害が訴えられています。

旧日本軍には、慰安婦問題を含む性加害の歴史があります。韓国人ばかりではなく、中国人、インドネシア人、オランダ人にも、慰安婦にさせられた女性がいました。

旧満洲（中国東北部）では、旧ソ連軍による、日本人女性へのレイプが起きました。また、ナチによる収容所においても性暴力がありました。

ここ三〇年近くでも、旧ユーゴスラビアやアフリカなどの地域戦争で、性暴力が一つの戦術として使われました。レイプを繰り返す戦闘員たちの目的は、性的欲求を満たすためだけではありません。彼らは、女性を恐怖に陥れて支配し、地域社会を破壊する戦術として、レイプを利用しました[7]。

アフリカコンゴ民主共和国で、産婦人科医師のデニ・ムクウェゲさんは、今回のノーベル平和賞受賞者ですが、彼らは、わざと感染症を広げ、女性が子どもを産めなくする目的もあり、レイプが、地域社会を破壊する兵器として使われている、と証言します。

3　デニ・ムクウェゲさんの活動

アフリカ中部のコンゴ民主共和国の東部の寒村での事件。

二〇一六（平成二八）年深夜、六歳と七歳の少女が、自宅から何者かに連れ去られました。翌朝、自宅の前で見つかったとき、少女たちの性器に刃物や針が突き刺さっていました。

妹には意識がなく、病院で緊急手術を受け、命を取り止めました。その執刀者がデニ・ムクウェゲ医師でした。

姉妹は、当時村の周辺を拠点としていた武装勢力に襲われたとみられます。妹は今でも、トイレに行くたびに、激痛で泣き叫ぶといいます。

コンゴでは、一九九〇年代に大規模な内戦が起き、戦闘員たちにレイプされた女性が急増しました。ムクウェゲさんは、九〇年代後半に病院を設立し、約二〇年間にわたって、被害女性の治療やケアを継続してきました。

紛争下で、レイプに遭った女性たちに寄り添い続けた、デニ・ムクウェゲ医師は、「レイプは、性的テロリズムです。日本人も、女性たちの苦しみを知り、レイプを防ぐ闘いに参加してほしい」と話し、理解と支援を呼びかけました。

ここ数年は、再び被害が増加傾向にある、といわれます。

「先週運ばれてきた女性は、レイプされたあと、大勢の人の前で、性器を焼かれていました」、と事実を明らかにし、「戦争兵器として使われるレイプは、住民に恐怖を与え、地域社会を破壊します。私たちには、それを止める責任があります」と、ムクウェゲさんは訴えます。

一方で、女性たちは立ち上がり、「性暴力は絶対悪い」と、発信する必要があります。

「社会を主導してきた男性にも責任があります」、と指摘しました。

「『#Me Too』運動は、多くの国で、性被害に対する沈黙を破りましたが、私たちの活動と同じく、性暴力を減らすためのものです」、と讃えました。

また、「今回の賞は、レイプ被害を受けた女性たちのものだ。彼女らこそ、この賞に値する」と述べました。(8)

4　性暴力の根絶に何ができるか

「コンゴの性暴力と、紛争を、考える会」の、米川雅子氏は、会見で、こう訴えました。

この会は、二〇一六（平成二八）年、ムクウェゲさんの活動の様子を撮影した映画「女を修理する男」に、日本語字幕を付け、上映会を各地で開催し、同年に、来日公演会を実現させました。

兵士によるレイプを「性的テロリズム」と表現し、自国の惨状を世界に訴えました。しかし、ムクウェゲさんの活動は、政府に敵視され、暗殺未遂にも遭ったといわれます。被害者を治療する病院の運営資金も潤沢ではありませんので、この会は、映画の上映会や募金を企画しつつ、今後も活動を支援したい、と米川さんは、語ります。

ムクウェゲさんには、「日本の人は、現状を知っても、なぜ動いてくれないのか、との思いがあります。一人ひとり何ができるのかを考えてほしい」と、米川さんは語りました。(9)

また、女たちの戦争と平和資料館（wam）の、池田恵理子名誉館長は、ムクウェゲさんが二年前に来日した際、資料館に案内しました。ムクウェゲさんから、「国境を超えて、国家が罪を犯して、女性たちが黙り込んでしまう状況を何とかしなければならない、という気持ちが感じられた」と、池田さんは述べました。(10)

性の話題になると、その場が白々しくなるのを、著者自身も何度も経験しています。

いったい何が女性たちにそのような行為をさせるのでしょうか。

何はともあれ、ムクウェゲさんが、ノーベル平和賞を受賞されたことは、全世界の紛争地の性犯罪を根絶する第一歩、となるでしょうと、期待するところです。

西部劇の時代においても、多くの女性が、「戦利品」として扱われた歴史を思い出します。人類の文化に深く根差した、戦時下の実態に、光が当たることを心から願います。

引用・参考文献
(1)『朝日新聞』二〇一八年一〇月六日付より著者要約
(2)前掲(1)授賞の理由と選考委員長の言葉
(3)ナディア・ムラド、ジェナ・クラジェスキ著『THE LAST GIRL——イスラム国に囚われ、闘い続ける女性の物語』東洋館出版社　二〇一八年　140〜413ページより著者要約
(4)前掲(1)二〇一八年一〇月六日付より著者要約
(5)前掲(1)二〇一八年一〇月六日、同一二月九日付より著者要約
(6)前掲(1)二〇一八年一〇月六日、同一二月一一日付より著者要約
(7)前掲(1)二〇一七年三月二一日「慰安婦問題を考える」より著者要約
(8)前掲(1)二〇一八年一〇月六日付より著者要約

(9) 前掲(1)二〇一八年一〇月九日付より著者要約

(10) 前掲(1)二〇一八年一〇月九日付より著者要約。wam はウィメンズ・アクティブ・ミュージアム(women's active museum)

エピローグ

1　セクハラは「男性問題」

職場におけるセクハラ問題に詳しい金子雅臣さんは、「セクハラという『男性問題』」と題する記事のなかで、これを「女性の問題」としている限り、解決はなされない、と断言します。

日本の社会は、あまりにもセクハラに対する捉え方が軽く、有名人や地位のある人でも、それが問題であると、自覚していないのがほとんどです。

三〇年前のアメリカ（一九九一年ごろ）では、セクハラに関する認識は、今の日本とあまり変わらない状況でした。

しかし、この年に最高裁判事の候補だったトーマス氏が、セクハラを行っていたことが判明。どのような行為だったのか、具体的な質問が飛び交い、テレビをみていたほとんどの人が、トーマス氏がセクハラを行った、と判断しました。

この事件以後、それが女性問題ではなく、男性の問題であること、そして、セクハラは犯罪であることが、はっきりと社会に示されて、アメリカ社会の空気ががらりと変わりました。

日本では、いまだにセクハラは女性問題と捉えられています。

そんななかでは、被害に遭った女性がカミングアウトするには、大変な勇気を出さなければなりません。

しかし、女性が告白すると、「落ち度」を指摘され、非難されます。

バレーボールでいえば、女性からボールを打ち込んでも、女性側に跳ね返ってきてしまう状況でした。今、やっと日本においても、ボールが男性側に打ち込まれ始めました。

すなわち、女性が告白し、叩かれて、ボロボロになっても、男性が守られるという状況が長く続きましたが、今ようやく、打たれたボールは、真ん中ぐらいまで、きたところです。

しかし、いまだ男性側までできていません。これが日本の現状です。(1)

たしかに、日本においても、潮目が変わったと著者も感じています。伊藤詩織さんの実名での告白、「#Me Too」運動の始まりと展開、国連事務総長の女性へのメッセージ、福田財務事務次官のセクハラ事件に対する女性記者たちの熱意ある対応、ナディア・ムラドさんのノーベル平和賞受賞など、少なからず、人々に行動を起こすきっかけを与えました。

2 「男らしさ」と「性暴力」を切り離す

本書のプロローグで、性暴力の定義について記しましたが、その著者である加藤春恵子氏は、「ジェンダーと性暴力」について、次のように述べています。

人間社会が、自明なものとしてきた「暴力」を解体して、対等なコミュニケーションにもとづく新たな社会を構築するために、「男らしさ」と「性暴力」とを不可分とする、文化のからくりを、明確にすることが重要です。

そして、この二つが切り離されることによって、はじめて、男女の両性がのびやかに向き合うことができます。

「暴力」、とくに「性暴力」の解体は、容易な問題ではありません。歴史のなかに、文化のなかに、しっかりと組み込まれて、人類が進化してきたのです。しかし、文明がここまで進展し、人間の知恵も思考力も認識力も進化したのですから、長い時間を必要としますが、性暴力の解体も、教育によって可能であると信じます。

日本の場合を考えますと、教育制度ができた明治期以後に、男性と女性に対して、どのような教育を実施していたか、学校教育が果たした役割は大きかったのです。

一般的にいわれるように、明治期の男子中等教育の目標は、「質実剛健」（中等学校令）でした。これらに対して、女子中等教育の目的は、「婦徳の涵養《かんよう》」（高等女学校令）でした。近代日本の社会と家庭は、この二本の柱によって、機能してきたといえます。

しかし、一方において、男子には、学問を十分させて、国や社会をリードできる能力と資質を養成し、女子に対しては、学問の質と量において、程度を低く抑え、「婦徳の涵養」をもとにして、一人の夫に忠実に仕え、家庭の主婦として、子育てと家族に尽くすように教育しました。

男子には、家族に対応する教育は何一つなされず、社会は「妾をもつことは男の甲斐性」と、容認していたのでした。下半身のことは、神の領域、といわれたほどです。

「男は上位、女は下位」、「男には知恵があり、女は無知」、「男が優で、女は劣」など、性暴力やハラスメントの原因となる要因は、明治以降の、男性の（女性の）教育のなかにありました。[2]

教育の成果は、一〇〇年後に表れるといいます。男性は、無意識のうちに「男は主である」、「何事も男に従っていれば間違いがないのだ」と、思い込んでいるのです。残念ながら、女性側にも、それを容認する人が多くいます。

「男らしさ」と「性暴力」の解体は、容易なことではありませんが、みんなで声を上げて、「性暴力はNO」、「性暴力は絶対に許さない」、「性暴力は犯罪」、と、男性側に繰り返して認識させることで、解決の糸口が見いだせるのではないか、と思います。

男性の数が多い裁判官たちにもその声が届けば、刑法などの男中心的な法律も改正され、その判断も修正されると思うのです。

3　男女が対等であるために

男女が対等に、コミュニケーションが取れるためには、どうすればよいのでしょうか。ジャーナリストの松井やよりさん（一九三四〜二〇〇二年）は、女性の「経済的自立」と「精神的自立」、および「性的自立」を提言しています。

「まず女性は、経済的自立を」。結婚を永久就職と考えるのではなく、一人でも生きていける経済的基盤が必要です、と強調します。財産をもっているか、経済的に自立しているかが、発言権の保障と人間らしい扱いの保障のもととなります。

「第二には、精神的自立を」。日本社会では、女性は夫や家族などに意識面において、いまだに非常に拘束されています。学校では、先生や教授などに、職場では、上司、権力をもった人の、いうなりになりやすい。「長いものには巻かれろ」式の、体制順応意識が根強く生きています。とにかく権力に弱い。そして、精神生活の貧しさ。何が自分にとって価値があるのかを、改めて自分に問うてほしい。自分自身の価値観をもつことが精神的自立です、と彼女は語ります。

「最も重要なことは、性的自立です」。女性は、男性に都合のいいセックスにとらわれていて、性的自己決定権というものを、十分に行使できていません。つまり、性的自立を確立していない女性が多いのです(3)。

しかし、女性の問題は、男性の問題です。援助交際で自分の娘みたいな若い女性を買う男性のほうに、重大な責任があります。

男性も女性も、自分自身の尊厳を大切にして、「性的自己決定権」を身に付ける必要があります。松井やよりさんは、自分自身の尊厳、自己の尊重を主張していますが、どのように教育すれば、これらの意識を育て、維持し、自己の性の尊厳と同時に、相手の性も尊重して、守ることができる人間になることができるのでしょうか。

4　セクソロジー教育の有効性

「性的自立」について、教育学では、長い間「性」をタブー視してきた経緯があります。すなわち、教育学では、「性」を抱えたパーソナリティーとしての人間性の発達を、無視した形で、明治以後の学校教育がなされてきたのです。

したがって、「性的自立に関しては、教育学の分野での、学問の蓄積は、皆無に近く、教育史研究としても、認知されにくい」、と田代美恵子氏は記しています。[4]

あるとき、とくに、将来指導者になると思われるエリート男性を対象とする研修会において、「性の尊厳」というテーマで語る筆者に対して、ある受講生が「女が女の世界でホザイている」、といいました。

このことを契機として、前々任校において、筆者がコーディネーターとなり、「セクソロジー教育の研究」、と題するオムニバス形式の講義を実施しました。

これには、当時、文部科学省が公募した「大学における特色ある授業」の一環として、学長裁量経費が割り当てられました。

男子学生の間にある、「女性の一方的な理論だ」、「男性の立場を無視した論だ」、「被害妄想的な論だ」、という考え方、および「性教育は、女が受けるもの」とする意識を、どうしても是正する必要があったのです。

まず、担当教師を男女半々にして、担当の専門分野から、各々「性」について、講義をします。

例えば、「文学としての性」（文学）、「生物界の性」（生物学）、「文化と性」（文化人類学）、「性と自己決定権」（民事法学）、「学校保健と性」（学校看護学）、「思春期と性」（養護教育学）、「性と性役割」（社会学）、「性と倫理」（哲学・倫理学）、「子どもへの性的虐待」（幼児心理学）、「障害児の人権と性」（障害児教育学）、など。

四年間の実践でしたが、初年度は、約一〇〇人の受講生中、男子学生は、四人ないし五人でした。しかし、口コミにより、次第に男子学生の数が多くなり、四年目には、約半数が男子学生となりました。

5　受講生の感想

次に、男子の受講生の感想文を一つ紹介します。

週に一度の授業でしたが、「性」という話題に少しでも多く、触れることができたことを、うれしく思います。私は、小学校、中学校、高等学校の学校生活のなかで「性教育」を受けてきましたが、それは、数時間の授業のみで、しかも、「性教育」というものを深く考えたことはなかったのです。

しかしこの授業では、「性」というものを、多面的にみることが、できたと思います。そして、自分が今まで「性」に対して持っていた考え（イメージ）が間違っていたこともわかりました。

「性」というものは、外面的な作用ばかりではなく、内面的な作用（気持ち）が、大きく関係しているのです。「性」イコール「生」、という認識を、明確にするには、まだまだ時間が必要と思いますが、この授業を受けたことで、「性」に対して、少しでも積極的になれたことで、将来、教師になったときに、児童・生徒に、より良い「性教育」ができると思っています（二年男子学生）[5]。

男性には、まず正しい知識をもつこと、そして自分の「性」を尊重して「生きる」ことを、そのうえで、相手の「性」を尊重することの「まなび」が、求められています。

人には、自己肯定感、自尊心が大切です。自分を大切にできない人は、他人を大切にすることはできません。自分は性を抱えて生きる人間として、人間らしく、美しく生きたいという強い思いのない人には、他人（女性）の人間性（生と性）を大切にすることはできないのです。

この実践は大学におけるものですが、学校段階により、アプローチの仕方はいろいろあると思います。

中高生を教える教師向けとしては、

浅井春夫・艮香織・鶴田敦子編著『性教育はどうして必要なんだろう?』大月書店二〇一八年。
中高生には、高校生文化研究会編『愛と性の十字路』高文研　一九九〇年（改訂版あり）。

などが、参考になります、

6　日本の慰安婦問題

性奴隷にされたナディアさんの厳しい経験が、実際にどのようなものであったかは、本人の自著によって、知ることができました。性奴隷は、奴隷の所有者一人からレイプを受けます。しかし慰安婦の場合は、不特定多数の兵士によるものという違いがあるのみで、レイプを受ける女性の苦痛は、同様です。

兵隊を経験したある牧師から、直接聞いたことによると、その館《やかた》の前では、長い行列ができていたそうで、想像するだけでおぞましく、恐ろしい思いがします。

ナディアさんは、自分の体験を、自ら書くこと（語ること）ができましたが、普通の女性は、恥ずべきこととして、口を閉ざしています。また体験を告白したとしても、体験や心情を語るのみです。それらを聞き取って整理し、活字にし、可視化しなければ、その史実は消えていってしまいます。そこが難しい点です。

日本の「歴史修正主義」の人々（安倍首相もその一人）は、これを利用して、慰安婦の存在という史実を、「無かったこと」にする運動をしています。

二〇一八年のノーベル賞選考委員長が、「韓国の女性たちも……性暴力の被害者だ」と述べましたが（本書第六章の一）、これは世界的に知られていることなのです。しかし中・高等学校の教科書から、〈慰安婦〉という言葉は消えてしまいました。今の若い人々は、世界的に知られているこの史実を、学習することなく大人になり、世界に出ていきます。世界との認識の差が大きいことは、大問題と思われます。

したがって、このような状況下では、自分で本を読み、学ぶしかありません。

文玉珠《ムンオクチュ》『ビルマ戦線楯師団の「慰安婦」だった私』梨の木舎　一九九六年
吉見義明『買春する帝国――日本軍「慰安婦」問題の基底』岩波書店　二〇一九年

上野千鶴子・蘭信三・平井和子編『戦争と性暴力の比較史へ向けて』岩波書店
二〇一八年
などが参考になります。

引用・参考文献
（1）『世界』二〇一八年八月号　金子雅臣「セクハラという男性問題」72～73ページより著者要約
（2）槇田眞澄『無意識の男女差別——その深淵に迫る』現代図書　二〇一四年
（3）松井やより『愛と怒り、闘う勇気』岩波書店　二〇〇三年　242～243ページより著者要約
（4）田代美恵子「日本教育史におけるセクシュアリティ教育の課題と展望」『日本 教育史研究』二三号　二〇〇四年八月号　74ページ
（5）前掲書（2）207～210ページより抜粋

あとがき

ルソーやクーベルタン、ダーウィンなどの著名人が、一八から一九世紀にかけて〈女性〉をどのようにみていたか、イラストで描いた書『問題だらけの女性たち』（ジャッキー・フレミング著、松田青子訳　河出書房新社　二〇一八年）を読みました。

女は頭が小さく、その脳みそは小さく、スポンジのようで、何をしても不完全で、男にとっては厄介者だ、と表現され、宣伝されています。ヨーロッパにおいても、日本と同様に、女性を見下していたことがよくわかります。しかし、伝統的に自立心や、独立心の強い西欧の国々においては、女性もまた自らの意識改革を試み、女性の地位や価値の向上に努めました。

一方、日本人は、伝統的に従属の精神が強く、そのうえに明治政府は、憲法や民法において、天皇制国民国家形成を規定し、その家父長制は、教育制度のなかで、男性には「質実剛健」を、女性には、「婦徳の涵養《かんよう》」を具体的な目的としました。

それは、第二次世界大戦後の新憲法発布まで続いたのです。教育制度による家父長制の精神は、強固で、男女の間に深く浸み込み、力による女性のコントロールとなりました。ノーベル平和賞の受賞者であるデニ・ムクウェゲさんが今年一〇月初旬、来日した際、東京大学で講演し、性被害に対して最大の悪は、「無関心」と述べましたが、日本人の反応の鈍さは何が原因なのか。著者自身が体験する、シラーッと引けた空気感はいったい何かなどを追求し、今後につなげたいと思います。

二〇二〇年の夏には、刑法の一部改正が予定され、期待もされています。すなわち、二〇一七年の改正時の問題点が再検討されるのです。しかし、日本全体がオリンピックに浮かれ、何の修正もされることなく、通過し、決定されることを心配しています。

少しでも早く、世論が高揚する一助になりたいと、本書の出版を急ぎました。その点を汲んでくださいましたドメス出版の矢野操さんに、お礼申し上げます。

二〇一九年一二月

櫛田　真澄

参考文献

浅井春夫・艮香織・鶴田敦子編著『性教育はどうして必要なんだろう?』大月書店　二〇一八年
『朝日新聞』二〇一七年三月二一日〜二〇一九年九月六日
伊藤詩織『Black Box』文藝春秋　二〇一七年
金子雅臣『セクハラ事件の主役たち』築地書館　一九九二年
金子雅臣『壊れる男たち』岩波新書　二〇〇六年
櫛田眞澄『男女平等教育　今まで、これから』ドメス出版　二〇〇二年
櫛田眞澄『無意識の男女差別――その深淵に迫る』現代図書　二〇一四年
『現代思想』二〇一八年七月号
小林健治著　内海愛子・上村英明監修『差別語不快語』にんげん出版　二〇一一年
高校生文化研究会編著『愛と性の十字路』一九九〇年
『世界』二〇一八年八月号

多賀　太『男子問題の時代？』学文社　二〇一六年
ナディア・ムラド著　吉井智津訳『THE LAST GIRL——イスラム国に囚われ、闘い続ける女性の物語』東洋館出版社　二〇一八年
奈良林祥『性を病むニッポン』主婦の友社　一九九〇年
信田さよ子『〈性〉なる家族』春秋社　二〇一九年
晴野まゆみ『さらば、原告A子』海鳥社　二〇〇一年
牟田和恵『部長、その恋愛はセクハラです！』集英社　二〇一八年
山口のり子『愛を言い訳にする人たち』梨の木舎　二〇一六年
山下泰子・矢澤澄子監修　国際女性の地位協会編『男女平等はどこまで進んだか』岩波ジュニア新書　二〇一八年
吉田タカコ『子どもと性被害』集英社新書　二〇〇一年

櫛田　眞澄（くしだ ますみ）

東京学芸大学学芸学部卒業、同大学教育学専攻科修了、早稲田大学教育学部教育学研究科博士課程単位取得。教育学博士
東京都公立学校三校の教諭を経て、岡山大学教育学部専任講師、茨城大学教育学部教授、白鴎大学教育学部教授、東京純心大学非常勤講師、などを歴任。現在執筆業

著　書

『男女共学の中学家庭科』家政教育社　1980 年
『男女共学家庭科を創る』学芸図書　1985 年
『性というつくりごと』（共著）勁草書房　1992 年
『男女平等教育　今まで、これから』ドメス出版　2002 年
『男女平等教育阻害の要因　明治期女学校教育の考察』明石書店　2009 年
『無意識の男女差別――その深淵に迫る』現代図書　2014 年
その他

セクハラ・最後の人権課題　日本の状況を中心に

2019年12月20日　第1刷発行
定価：本体1600円＋税

著　者　櫛田　眞澄
発行者　佐久間光恵
発行所　株式会社 ドメス出版
東京都文京区白山3-2-4　〒112-0001
振替　00180-2-48766
電話　03-3811-5615
FAX　03-3811-5635

印刷・製本　株式会社 太平印刷社

ISBN978-4-8107-0849-3 C0036